マネジメント

—— ビジネス価値創造 ——

名古屋学院大学経営学部 編

五絃舎

はしがき

　ビジネス価値創造は、これからの企業経営に欠かせない概念です。企業が立脚する市場や経営環境は、グローバリゼーションが進展していること、消費者行動が多様化していること、業務が複雑化していることなどに伴い大きく変容しています。また、情報通信技術の進化は目覚ましく、多くの産業や生活にその技術が取り入れられることで、変容のスピードは一層加速しています。

　変化が激しく予測困難な事柄が多くなっている今、VUCA（ブーカ）がビジネスにおいて用いられるようになりました。V（Volatility 変動性）、U（Uncertainty 不確実性）、C（Complexity 複雑性）、A（Ambiguity 曖昧性）の頭文字を繋げた頭字語であるVUCAは、市場や経営環境にみられる現代の特徴的な変化を示しています。企業経営を取り巻く環境はより不確実性を増していることから、これまでの伝統的なマネジメントの知識に加え、即応可能な知識・スキル、様々な変容に創造的に適応する力をはじめ、企業競争力向上や社会課題にも対処できる価値創造力が求められています。具体的には、高度かつ時代に即したマネジメントの知識を有し、ビジネスに係る様々なデータを読み解き、それらを活用することができる人材、さらには、これらの知識・スキルを基に新たなビジネス価値を創造することのできる人材が強く求められています。

　そこで、本書はVUCAといわれる環境下であっても企業を成長させる「これからのマネジメント」について専門的に学びたいと考える大学生や社会人向けの入門書として、経営分野、マーケティング分野、データサイエンス分野、先端ビジネス分野の4分野にわたり基礎的な知識や理論をわかりやすく解説しています。15章の構成となっていますが1つの章ごとに完結していますので、どの分野あるいはどの章からでも興味を抱いた章から開き読んでいただくことができます。

　本書での学びを礎に，より多くの皆さんがビジネス価値創造につながる専門的な学びを深め，企業や社会活動に寄与する価値創造力を発揮する主体となられることを祈念します。

　この出版の企画に賛同・協力いただいた執筆者の皆様，とりわけ出版に至るまで労を取っていただいた水野清文教授に対し，心から敬意と謝意を表します。最後に，本書の出版を快くお引き受けいただき，格別のご配慮を賜った株式会社五絃舎社長の長谷雅春氏に対し，執筆者を代表して心よりお礼を申し上げます。誠にありがとうございました。

　2024年4月1日

名古屋学院大学　経営学部

データ経営学科　杉浦　礼子

目　次

マネジメント

── ビジネス価値創造 ──

第1章　ビジネス価値創造とイノベーション

第1節　ビジネス価値創造とイノベーティブ人材

　ビジネス価値創造とは，企業や組織が顧客に対して提供する価値（商品やサービスなど）を生み出したり，提供する価値を向上させたりすることである。顧客のニーズや欲求に合致する優れた商品やサービスを提供するだけでなく，ユーザーエクスペリエンス[1]や顧客が抱える課題解決などもビジネス価値創造の対象となる。今や生活必需品となっているスマートフォンは，ビジネス価値創造に努め成果をあげた好事例の1つである。スマートフォンが普及する以前に市場シェアを占めていた携帯電話の機能は通話が主であったのに対し，スマートフォンは通話の他にカメラ機能，音楽視聴，ウェブの閲覧，ゲーム，ソーシャルメディアの利用など多くの機能を1つのデバイスで可能とするビジネス価値を創造し提供している。また，スマートフォンは，使いやすいインターフェースや直感的な操作を可能とする価値も提供している。タッチスクリーン技術やアプリケーションを利用させることで情報にアクセスしたりコミュニケーションを取ったりすることを容易にすることでユーザーエクスペリエンスが向上し，新たな利便性が生まれている。さらに，スマートフォンはアプリケーション市場を拡大させ，新たなビジネスモデルも生み出した。アプリ開発者はアプリを提供することで収益を得て，ユーザーは自分のニーズに合わせてアプリを選び個々人がカスタマイズすることでスマートフォンの利用価値をさらに高めている。このように，スマートフォンは通話だけでなく多くの機能を提供し，ユーザーエクスペリエンスを向上させ，新たなビジネスモデルを生み出すことでビジネス価値創造を実現している。

　ビジネス価値創造は，顧客に満足感を与える商品や，顧客のニーズや課題を解決するサービス提供による価値創造，新しい技術や考え方を取り入れて今までになかった価値を生み出して社会的に大きな変化を起こすイノベーションによる価値創造などにより，企業の競争力を向上させるプロセスともいえる。企業や組織が創造し提供したビジネス価値を顧客に高く評価してもらい満足度を向上させることにより，企業や組織の競争力を向上させ成長につなげることができる。

　近年，イノベーティブ人材育成の重要性が叫ばれている。イノベーティブ人材とは，新しいアイデアや創造的な発想を持ち，企業内外の変化に柔軟に適応し，課題に対して新たな解決策を見出すことができる能力を持つ人材のことである。つまり，ビジネス価値を創造することができる人材であるといえる。

　企業や組織においてイノベーティブ人材を育成することが重要視されている理由には，①競争力の維持と向上，②新たな価値の創造，③創造的適応力の発揮，④問題解決能力の強化，などへの期待があると考える。これらの期待を少し具体的に表現すると，競争力の維持と向上は，競争がグローバル化する中でイノベーティブ人材のアイデアによって新たなアプローチや技術を取り入れることで，企業や組織の競争力を維持・向上させて市場での地位を確立し続けることへの期待である。新たな価値の創造は，イノベーティブ人材が有する従来のやり方にとらわれない新たな価値創造の能力により，新しい商品やサービス，ビジネスモデルを生むことで市場や社会にイノベーションをもたらすことへの期待である。創造的適応力の発揮は，内外の環境変化を読み取り柔軟に適応する力を発揮することで，進化・変化のスピードが驚異的に速まり予測不能な事柄が多い環境下でも果敢にかつ最適に適応し行動することへの期待である。問題解決能力の強化は，既存の問題に対しても従来とは異なるアプローチで取り組むことで，新たな解決策を見つけて問題解決のスキルを向上させることで企業や組織に寄与することへの期待である。第 10 章で「AI・データサイエンスと経営」を取り上げているが，高等教育機関で力を入れ教育されはじめているデータサイエンスとは，「データから価値創造をはかること」であり，

問題や課題を設定し，データを収集・加工・分析した結果から解決策を見出す，まさにビジネス価値創造を実現するイノベーティブ人材にとって重要な要素の1つである。また，失敗を恐れない新たなアプローチを試す機会を有すること，失敗を恐れない文化を醸成することも大切である。イノベーティブ人材は，企業や組織の「これから」を切り拓く人材として期待が寄せられている。

第2節　イノベーションと経営

　マネジメントの父と称されるドラッカー（Drucker,P.F. 1909-2005）は，企業の目的（purpose of a business）として有効な定義は「顧客の創造」であることから，企業に成長をもたらすマーケティングと企業に変革をもたらすイノベーションが企業にとって大切な2つの機能であり，経営の両輪であるとしている。本節では，経営の両輪の1つであるイノベーションについて説明する（「マーケティング」は第5章参照）。

　イノベーションは「何かを新しくすること」を意味するラテン語の"innovare"が語源であるが，技術による革新のみならず経営を革新することによってイノベーションを実現している事例は多い。次節で取り上げるイノベーション・マネジメントのシステム，イノベーション創出を効率化する方法として注目され浸透してきたオープンイノベーション[2]などはこの経営革新によるイノベーションにあたる。

　ドラッカーとも交流があった人物で，初めてイノベーションを定義づけた人物としても有名な経済学者のシュンペーター（Schumpeter,J.A. 1883-1950）は，イノベーションとインベンション（発明）を区別して，画期的な発明によるものでなくても，新たに提供した価値によって経営や社会にイノベーションをもたらすことはできると主張している。画期的な発明があったとしても市場に受け入れられずに普及・浸透しなければイノベーションはもたらされないからである。

　シュンペーターによる『経済発展の理論』（1912）は，経済を発展させる要

因を分析して理論構築されている。このなかで，経済はまるで体内を巡る血液のように均衡な状態で連続性を保ち循環する一面を有するとしたうえで，非連続的・断絶的な変化を呈する一面も有することを指摘している。経済活動の中で「生産」手段や資源，力などをそれまでとは異なるやり方で「新結合」することで，非連続的・断絶的に経済を飛躍的に発展させることがあることも指摘している。ここでの「生産」の概念は，一般的な意味である産出することに加えて，利用可能な資源や力を結合することが含まれており，「郵便馬車をいくら連続的に加えても，それによって鉄道をうることはできないであろう。」という表現で説明したことは有名である。貨物を馬車で運んでいた時代，馬の頭数を増やして馬力を強めることである程度まで輸送能力を高めることはできるが，馬車をいくら連結しても鉄道にはなり得ない。蒸気とレールを組み合わせる「新結合」により鉄道を創造した結果，非連続的・断絶的な輸送形態・能力の変化つまりイノベーションをもたらし経済を飛躍的に発展させた。このように，新結合による創造が既存のものを破壊するほどの非連続的・断絶的な変化をもたらす「創造的破壊」によって，飛躍的に経済は革新し発展すると主張している。この「新結合」が後にイノベーションと呼ばれる概念でありイノベーション理論の原点となっている[3]。また，シュンペーターは，イノベーションのタイプを，①プロダクト・イノベーション（新しい財貨の生産），②プロセス・イノベーション（新しい生産方法の導入），③マーケット・イノベーション（新しい販路の開拓），④サプライチェーン・イノベーション（原料の新しい供給源の獲得），⑤オーガニゼーション・イノベーション（新しい組織の実現），これら5つに分類している。

　その後，マネジメント領域でもイノベーションは議論されるようになったが，その契機となったのが経営学者であるドラッカーである。ドラッカーは，イノベーションを商品・サービスの革新および商品の生産・販売・サービスの提供に必要な技能や活動の革新とし，そしてマーケティングを市場の求める商品・サービスを提供する事業全体に関わる重要な活動と位置付けた。マーケティングを顧客の欲求を理解した上での商品・サービスの提供とし，イノベー

ションは顧客が認知していない潜在的な欲求を追求して新たな需要を創造して社会変革をもたらすものとしている。

　ドラッカーが企業の目的は顧客の創造であると述べたことは前述したが，企業には2種類のイノベーションがあり，1つは商品とサービスのイノベーション，もう1つは商品とサービスの提供の仕方のイノベーションとし，これらイノベーションをもたらす価値の創造は顧客の創造を実現する1つの方法であるとしている。「それらのイノベーションは一方において，市場と顧客のニーズから生まれる。必要はイノベーションの母である。そしてもう一方において，教育機関や研究機関で，研究者，著述家，思索家，実務家によって行われる技術や知識の進歩のための活動から生まれる。[4]」ことを指摘している。その他にも，個々の組織が特定のニーズに対応し満たす使命を有すべきであること，果たすべき使命を明確化してニーズを満たし続けることが顧客の創造をし続けることになること，組織が使命を果たすためにはマネジメントが必要であること，イノベーションは企業の全部門が責任を分担すべき重要な取り組みであることなどを示している。

第3節　イノベーション・マネジメントの概念

　イノベーション・マネジメントとは，企業や組織が新しいアイデアや技術を活用して顧客や社会に新しい価値（商品・サービス・プロセス・組織・ビジネスモデルなど）を創造して提供することで競争力を向上させ持続的な成功に導く戦略的アプローチであり，経営学の領域の1つである。アイデアの発想から実装，市場導入，改善までのプロセスを通じてより望ましいイノベーションの成果を創出するための概念であり，企業や組織が競争力を維持し成長するために必要不可欠である。長内（2021）は，市場や社会に画期的な変革をもたらすビジネス価値が天才的なひらめきや類まれな才能を有するイノベーティブ人材により創造されたものであったとしても，企業や組織はそれを管理し，どのように組織的に活用するかなど，イノベーションをコントロール可能なマネジリアルな

ものとして扱い議論する必要があると述べている[5]。ドラッカーは，イノベーションは一部の天才のみが実現できるものではなく誰でも学び実行することができるとしているほか，イノベーションは体系化できる方法論の1つであること，組織に組み込み組織全体でサポートし実装するべきものであるとしている。

　イノベーション・マネジメントは，①競争力の向上（イノベーションによって新しい価値を生み出すことで競合他社と差別化し競争力を強化する），②成長と収益の増加（新しい商品やサービスの開発により新たな市場を開拓したり既存顧客のロイヤルティを高めたりすることで収益の拡大を実現する），③リスクの分散（イノベーションを推進し実現することで特定の商品・サービスへの依存割合を低めリスクを分散する），④継続的な革新的改良（顧客のニーズや市場変化への柔軟な適応能力を高める），⑤持続可能性への貢献（環境負荷軽減，社会的課題の解消など社会的影響を配慮した商品やビジネスモデルの構築）などを実現する視点からも，これからの経営において重要である。

　イノベーション・マネジメントの成功例には，脱炭素化を実現するために電気など新たな動力に置き換えた自動車開発，アプリを通じて車を手配可能とすることで利用者の便益を高めつつ運転手にも新たな収入源の提供を実現したサービス提供，ドライバー不足という社会課題や災害時の物資供給にも対応可能なドローンを用いた配送システムの構築をはじめ，私たちに身近な商品やサービスにも存在している。イノベーションの種を見つけ育て成功の果実を実らせるまでの主なプロセスには，「アイデアの創出」にはじまり，創出されたアイデアの中からニーズや需要に合致して創造する価値が大きいと期待できる「アイデアの選択」，そして選択したアイデアを具体的な形とするためにプロトタイプを作成するなど試行を繰り返しながら具現化する「開発」段階を経て，適切なマーケティング戦略を立て市場に「導入」，導入した後も顧客のフィードバックを受ける仕組みをもち「評価と改善」を繰り返すアプローチがある。

　ドラッカーは，既に起こっていて元には戻りそうにない変化を他よりも速く知覚し分析することが肝心とし，一般にはまだ広く認識されていない変化を速

く捉えて生かしイノベーションを起こすことができる人のことを「チェンジ・リーダー」と表現した。新しい価値を生み出すイノベーションの種を見出す機会は，図表1-1の非連続性箇所である「変化」の時が好機であり，意識的かつ組織的にその変化を探すことの重要性を『イノベーションと企業家精神』(1985) で整理している。

図表1-1　イノベーションの種を見出す機会となる
非連続な変化のイメージ

出所：筆者作成。

また，ドラッカーはイノベーションの種を見出すことにつながる可能性を秘めた変化を「イノベーションの機会」として7つに分類している。それは，①予期せぬことの生起，②調和しないものの存在，③過程に潜む限定されたニーズ，④産業構造の変化，⑤人口構造の変化，⑥認識の変化，⑦新しい知識の出現，の7つである。「予期せぬことの生起」では，成功・失敗であっても予期していなかった結果が生じた場合にその結果を利用する。ドラッカーは，予期せぬ成功ほどイノベーションの機会となるものはなく，予期せぬ成功が何故もたらされたのかを分析することでイノベーションにつなげることができるとしている。「調和しないものの存在」では，業績や価値観などにみられるギャップを探して何故そうなのかを分析してイノベーションにつなげる。「過程に潜

む限定されたニーズ」は，業務プロセスの改良や労働力を省力化したいなど明確に存在するニーズを知覚し実現することであるため企業に高確率でイノベーションをもたらす。「産業構造の変化」は産業や市場の構造が変化すること，「人口構造の変化」は人口の増減や年齢構成などが変化することで，ともに新たなイノベーションの機会が創出され新規参入が活発となる機会である。「認識の変化」とは，世の中の認識が変わったことを敏感に知覚して，自らの認識においても半分水が入ったコップの例をあげ「半分入っている」から「半分空だ」と認識が変わるときがイノベーションの機会となると説明している。最後の「新しい知識の出現」とは，何か新しい技術が開発されたことによる技術的な発展や社会的知識，またそれらの結合によってイノベーションが生じる機会となることを整理している。なお，①から④は業界や市場の内部の変化，⑤から⑦は外部の環境変化であるが，番号が小さいほどイノベーションが成功する期待度が高いことにも言及している。

　最後に，2019年に発行された国際標準化機構（ISO）が定めたイノベーション・マネジメントシステムに関する国際規格ISO56002を紹介する。ISO56002は，イノベーションを起こした世界中の先進企業のマネジメント手法を対象に分析，ビジネスの考え方などを標準化し，52カ国の識者の議論によって生まれたイノベーション・マネジメントに関する産業史上初となる国際規格化された手引書である。企業や組織がイノベーションを興すための本格的な手引きや行動を示しているISO56000の中心となるもので，イノベーション・マネジメントに関する推奨事項がまとめられたガイダンス規格である。イノベーション・マネジメントシステムの設立，推進時におけるトップのリーダーシップ，アイデアの創出から評価・改善のPDCAに至るイノベーション・マネジメントシステムの全事項が含まれている。経済産業省とイノベーション100委員会は『日本企業における価値創造マネジメントに関する行動指針〜イノベーション・マネジメントシステムのガイダンス規格（ISO56002）を踏まえた手引書〜』において，イノベーション・マネジメントに関する国際規格化が求められるようになってきた背景として，世界各国で既存組織からイノベー

ションを起こす必要性が高まり問題意識が醸成されてきたこと，各国から持ち
寄れる実践的な知恵が蓄積されてきたことをあげ，世界の知恵を総動員した極
めて実践的な国際規格となっていると記している[6]。

　なお，イノベーション100委員会はこの行動指針において，イノベーション
を「研究開発活動にとどまらず，1.社会・顧客の課題解決につながる革新的
な手法（技術・アイデア）で新たな価値（製品・サービス）を創造し，2.社会・
顧客への普及・浸透を通じて，3.ビジネス上の対価（キャッシュ）を獲得する
一連の活動」と定義している。

第4節　イノベーションとアントレプレナー

　アントレプレナー（entrepreneur）は，フランス語の entre と preneur の結合
語であるアントルプリヌール（entrepreneur）が語源である。entre は英語では
between，preneur は taker の意なので直訳すると商人のような「間を取る人」
となる。また「何かを始める」意である entreprendre が派生した言葉である
ともいわれている。商人でもあり冒険家でもあったマルコ・ポーロ（Marco
Polo, 1254年頃-1324）は，『東方見聞録』に記された日本や中国，インドなど
アジア諸国を旅して見聞した内容を語った人物として有名であるが，アントル
プリヌールは，マルコ・ポーロのように高いリスクを認識しながらも大きな価
値を手にするために商いを行う仲買人や貿易商のことを指す。このアントルプ
リヌールを語源とするアントレプレナーは，不確実性が高い環境下でも，経済
的価値を創出する新たな事業を始める起業の活動主体である「起業家」を意味
する。アントレプレナーの定義は，古いものには1725年に経済学者であるリ
チャード・カンティョン（Richard Cantillon, 1680-1734）によって「先見の明
を持ち，危険を進んで引き受け，利潤を生みだすのに必要な行為をする者」と
されたもののほか，1853年にシュンペーターによって「新結合つまりイノ
ベーションを遂行する当事者」と定義されたものなど多く存在する[7]。シュン
ペーターは，起業家であるアントレプレナーを発明家，経営者，資産家のいず

れとも異なる主体として，新たな価値を創出し事業として市場で展開してイノ
ベーションを興す主体と位置付けた。

　また，『経済発展の理論』(1912) において，イノベーションの担い手である
アントレプレナーはベンチャー企業など新興の小規模企業であると主張した。
従来のものを破壊して新たな価値を創造する非連続なイノベーションの担い手
となるアントレプレナーに，経験や成功体験を有する既存の大企業は向かない
と考えたからである。しかし，後の『資本主義・社会主義・民主主義』(1942)
では，R&D（研究開発活動）により興す連続的なイノベーションについて言及
し，大企業もイノベーションの担い手となると主張を変化させている。この前
者の主張を「シュンペーター・マークⅠ」，後者を「シュンペーター・マーク
Ⅱ」という。

　現在そしてこれからの経営においては，どの国においても組織の規模の大小
にかかわらず，イノベーションを興す主体となることへの期待が高まってい
る。

　アントレプレナーには多様な分類基準があり，例えば，自ら新規事業を起こ
すアントレプレナーに対して，企業内に属して起業家的に事業創造する社内起
業家イントレプレナー（intorepreneur）がある。事業運営スタイルで分類する
と，開拓・成長・売却を１つの事業ごとに繰り返す連続起業家シリアル・アン
トレプレナー，複数の事業を同時に並行するポートフォリオ・アントレプレ
ナーなどがある。

　関連用語に起業家精神あるいは起業家活動と訳されるアントレプレナーシッ
プ（entrepreneurship）がある。アントレプレナーシップの定義は，ドラッカー
が「イノベーションを武器として，変化のなかに機会を発見し，事業を成功さ
せる行動体系」としたほか，スティーブンソン（Stevenson,H.）が「コントロー
ル可能な資源を超越して機会を追求する姿勢」とするなど，アントレプレナー
同様に多くの定義が存在する。革新的な商品開発，新しいビジネスモデルや新
規顧客開拓など新たな事業を高い意欲をもって創造し，リスクにも立ち向かう
精神や姿勢，能力を備え持つ企業家精神といえる。

　このアントレプレナーシップを備えた人材育成は急務で，文部科学省におい
ても社会課題を自分事として捉えて失敗を恐れず新たな価値やビジョンを創造
するイノベーションの担い手を育成するアントレプレナーシップ教育に力をい
れる必要性を示している。アントレプレナーシップ教育では，不確実性の高い
環境下でも未来創造や課題解決に向けた行動を起こす精神と態度を学びアイデ
アの実現に向けた仮説検証の方法等を学ぶ「アントレプレナーシップの醸成」
と，研究成果の活用やスタートアップ，地域課題の解決などの実装にあたり必
要な知識や機会を得ることで「アントレプレナーシップを発揮」する両面が必
要であるとしている。

【注記】
1)　ユーザーエクスペリエンスとは，ユーザー（顧客など）の経験あるいは商品・サー
　　ビス使用時に抱く印象や体験のこと。商品やサービスのそのものを有する価値では
　　なく，ユーザーが使用・所有することなどを通じて認知する体験のこと。認知心理
　　学者ドン・ノーマン博士が提唱。
2)　オープンイノベーションとは，組織内外が有する知識や技術，アイデアなどの流動
　　性を高め組織内イノベーションを促進するため利用し，組織内で創出されたイノ
　　ベーションをさらに組織外に展開して市場を拡大するイノベーションモデルのこ
　　と。ヘンリー・チェスブロウ博士が提唱。
3)　杉浦礼子「イノベーション」『現代経営学の本質』五絃舎，2023年，154〜155頁。
4)　ドラッカー（Drucker, P.F.）著，上田惇生訳『現代の経営』（上）ダイヤモンド社，
　　2006年，92頁。
5)　長内厚，水野由香里，中本龍市，鈴木信貴『イノベーション・マネジメント』中央
　　経済社，2021年，43〜44頁。
6)　経済産業省，イノベーション100委員会『日本企業における価値創造マネジメント
　　に関する行動指針〜イノベーション・マネジメントシステムのガイダンス規格
　　（ISO56002）を踏まえた手引書〜』2019年，7頁。イノベーション100は，企業が
　　イノベーションを興すための方法を探ることを目的に，経営者が自社のイノベー
　　ション経営について自由闊達に議論する場として2015年より運営されている。
7)　伊藤宗彦『イノベーション・マネジメント』一般財団法人放送大学教育振興会，
　　2023年，131頁。

【主要参考文献・主要参考資料】

伊藤宗彦『イノベーション・マネジメント』一般財団法人放送大学教育振興会，2023 年。

長内厚，水野由香里，中本龍市，鈴木信貴『イノベーション・マネジメント』中央経済社，2021 年。

経済産業省，イノベーション 100 委員会『日本企業における価値創造マネジメントに関する行動指針〜イノベーション・マネジメントシステムのガイダンス規格（ISO56002）を踏まえた手引書〜』2019 年。

シュムペーター（Schumpeter, J.A.）著，塩野谷祐一他訳『経済発展の理論』（上）（下）岩波書店，1977 年。

シュムペーター（Schumpeter, J.A.）著，中山伊知郎他訳『資本主義・社会主義・民主主義』東洋経済新報社，1995 年。

杉浦礼子「イノベーション」『現代経営学の本質』五絃舎，2023 年。

チェスブロウ（Chesbrough, H.W.）著，大前恵一朗訳『OPEN INNOVATION』産能大出版部，2004 年。

ドラッカー（Drucker, P.F.）著，上田惇生訳『イノベーションと企業家精神』ダイヤモンド社エッセンシャル版，2015 年。

ドラッカー（Drucker, P.F.）著，上田惇生訳『現代の経営』（上）（下），ダイヤモンド社，2006 年。

峯本展夫『イノベーションマネジメント・プロフェッショナル』生産性出版，2020 年。

第2章　経営システム
― 企業組織を理解する ―

第1節　経営学と企業組織

　皆さんが，大学に入学して「経営学概論」など高校時代にあまり触れることがなかった科目が大学のカリキュラムには配置されている。ただし，国内の大学で本格的に経営学を学ぼうとする場合は，必ず「経営学」「経営学概論」「経営学総論」のいずれかを学ぶことになるであろう。

　経営学部で経営を学ぶ学生には，一般的に1年生の配当必修科目として設置され，必ず専門科目を学ぶための基礎的な知識が盛り込まれている。

　また，「経営管理論」「経営組織論」「経営戦略論」「経営史」などの専門科目が配置されている。簡単なイメージとして以下の図表2-1を参考にして欲しい。

図表2-1　経営学部の主要科目の構成

〈基礎科目〉　　　　　　　　〈専門科目〉

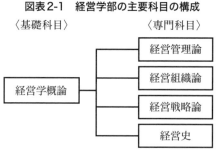

出所：筆者作成。

　この「経営学」「経営学概論」「経営学総論」などを学ぶことによって，企業組織（企業や会社）とは何なのかを理解しておくことが重要である。それは，企業組織が正しい活動をしていれば，企業組織は安定したマネジメントを継続できるからである。

　しかし，企業組織は，永久にその活動が続くものであろうかと考えた場合，継続させるよりもむしろ何らかの理由で，その継続が行えなくなる確率が高いともいわれている。企業組織とは，設立年数が経過するほど継続が難しいものでもある。違った表現でいえば，企業は倒産する可能性をもつものである。だからこそ，世界では100年以上継続した企業組織は少ないのであろう。

　では，企業組織を継続させる方法がないのかと考えた場合，安定したマネジメントを行うことによって，存続年数は伸びるといっても過言ではない。

　すなわち，企業組織を継続させるためには，環境に応じた対応を実施することが可能とされる，マネジメントを行うことである。そして，企業組織を継続させるためには，常に新しいビジネス価値の創造が必要である。

第２節　企業組織が生まれるとき

　ある台風の後，道路に大きな大木が倒れていた。その道を通行しようとする人々がいた。その大木が人々の進行を妨げていた。人々は考えた。大木をどければ進行方向に進める。

大木を移動させることによって進行方向に進める

　ただし，大木は一人で動かせない。一人では無理だが人々が協力すれば大木は動かせる。だから，そこにいた人々は大木を動かすために協力をする。無事に大木を動かすことができた。道路からは大木がなくなった。人々は進行を妨げるものがなくなり進行方向に進んだ。そして，人々はいなくなった。

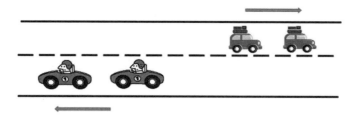

協力して大木を移動させる

　この状況をバーナードは，組織ができる条件として説明している。大木が通行を妨げている状況での人々こそ，自由な意思を持ち，自由に行動する状況にあり，大木を動かそうと意思決定すれば，その現場にいる人々が集まった集団を組織し，そこにいる人々には，大木を動かそうとする共通目的が生まれ，一人では動かすことができないが協力すれば動かせられるだろう。大木を動かすために，人々は声をかけながら大木を動かしていく。これこそが，企業組織ではないであろうか。

　ここに出てくる人物であるバーナードとは，アメリカにおける経営学者であり経営者でもある。バーナードこそ，理論と実践を理解してる人物の一人でもある。では，以下でバーナードの協働理論[1]について説明することにする。

　バーナードは「人間は自由な意思を持ち，自由に行動する」と考えて理論を組み立てており，組織が出来上がる要素として，次の3つをあげている。

　1つ目は，共通目的である。組織には目的がなければならない。目的が明確ならメンバーは組織のためにどんな協力をすればいいのかを理解でき，各人が分担して仕事を行うことができるようになる。組織のメンバーはその目的をしっかりと理解していることが大切である。

　2つ目は，貢献意欲である。組織のメンバーは，組織のために頑張ろうとする意欲を持たなければならない。自分が働いた以上に褒美がもらえると意欲が保たれ，認められなかった場合に減少する。このように，組織から与えられる褒美が貢献意欲を引き出す役目をしている。

　3つ目は，コミュニケーションである。コミュニケーションは，メンバーがそれぞれの考え方や意思，意見や情報を交換したりするために必要なことである。また，組織の目的を理解させる役割や貢献意欲を高める役割もしている。

　さらに，3つの要素以外にも，「調整能力」が重要であることも述べている。

　バーナードは，組織を解散させずに維持していくためには，「内部均衡」と「外部均衡」が必要だと考えた。

　「内部均衡」とは，組織のメンバー意欲の減少や能率低下がおこらないように上の3つの要素をうまくバランスさせて，メンバーのやる気を引き出していくことである。

　「外部均衡」とは，組織の外側にある環境とのバランスである。組織の目的は外部環境とバランスがとれていなければならず，このバランスがとれていれば，組織は有効なものとなり，目的達成の可能性が高くなる。

　このように2つの均衡は，組織を維持していくためには大切な条件になる。組織の目的を成し遂げれば，メンバーに褒美を与えることができ，また，その褒美が貢献意欲を引き出すことになる。

第3節　経営学と経済学

　ここで，経営学と経済学の違いについて少し説明をしておきたい。その理由は，経営学と経済学が同じ学問であると間違った理解をしている人もいるからである。たしかに，経済学から経営学が生まれてきたといっても過言ではないが，研究の対象は全く異なる。

　経営学とは，産業革命後に生まれた経営管理を対象にした学問として理解することができる。ここで誤解をしてはならないことは，経営学と経済学は，

まったく異なる学問として理解することである。経済学が理論的なのに比べて，経営学は理論と実践を学ぶ学問である。

大きな違いとして，経営学は「企業やあらゆる組織」に注目し，経済学は個人や企業だけでなく国家など「社会全体」の経済活動の仕組みを幅広く学ぶ。

「経営学」と「経済学」を大辞林（三省堂）で調べると，経営学は，企業活動の原理や構造，またその合理的な管理方法などを研究する学問とし，経済学は，人間社会の経済現象，特に，財貨・サービスの生産・交換・消費の法則を研究する学問としている。

榊原清則は，「経営学は，しばしば経済学と類似の学問とみなされてきた。しかしこの二つは根本的に性格が異なるとし，産業社会における一定の現象を扱う場合，経済学は，その現象に対して特定ディシプリンで接近し，あくまでも経済学的な分析が狙いであるとしている。しかし，経営学は，その現象にかかわる企業に焦点を当てて，いくつかの異なったディシプリンから多面的に接近しようとする」[2] と述べている通り，経営学はまさしく学際的アプローチである。

すなわち，経営学は学際的アプローチがおこなわれている学問であることから，経済学の知識も当然必要とされ，さらに，哲学，心理学，社会学などの知識も必要な学問である。

経営学をより学ぼうとしている人は，大学のカリキュラムの教養科目で，哲学，社会学，心理学，文化人類学などを合わせて学ぶことが，経営学を理解する上では大切である。

特に，バーナードの協働理論を理解するためには，哲学と心理学，社会学を学ぶことが望ましい。

第4節　これからの経営学の学び

今まで述べてきたように，経営学では特に，企業組織を取り上げて研究がなされている。企業組織の中でも，製造業を考える場合が多い。

　これからの経営学には，ビジネス価値創造が重要とされている。その理由は，企業組織が存続するために最も重要とされるからである。その要因の一つが，DX（デジタルトランスフォーメーション）である。DXとは，一般的に，他の章でも説明されているが，企業組織が，「AI」「IoT」「ビッグデータ」などのデジタル技術を用いて，業務フローの改善や新たなビジネスモデルの創出だけでなく，レガシーシステム（過去の成功事例）からの脱却や企業風土（今までの企業での理不尽な決まり）の変革を実現させることを意味している。

　DX推進はあらゆる企業組織にとって，変化の激しい時代（変化の激しい環境）のなかで，市場における競争優位性を維持し続けるための重要なテーマであり，すなわち存続する（生き残る）ために重要とされている。

　企業組織が存続し続けるためには，変化の激しい時代（変化の激しい環境）を生き残らなければならない。そのためにも，環境変化に迅速に対応できる企業組織が必要なのである。

　バーナードの協働理論が説明している企業組織で存続しながら，環境変化に対応できるビジネス価値創造を作り上げれば問題ないであろう。

　そこで，具体的に，企業組織が存続を続けるために必要な点について以下で説明したい。

　それは，企業組織と戦略には深い関係が存在しているということである。その関係について，チャンドラーは「組織は戦略に従う」[3]と述べ，アンゾフは「戦略は組織に従う」[4]と述べている。チャンドラーのいう組織は，企業組織構造（外部環境や事業特性，戦略などを考慮して設計された組織の形態）を意味し，アンゾフのいう組織は，企業組織文化（組織のメンバーが共有するものの考え方，ものの見方，感じ方）を意味している。

　すなわち，チャンドラーもアンゾフも，戦略目標を達成するために企業組織は重要であると考えていたことに間違いない。

　企業組織は，戦略目的を達成するための組織形態を考え出す（作り出す）ことが最も基礎的であり，最も大切なことである。

　企業組織が，DXを導入しようとする場合，必ず二つの選択が生まれる。

　その一つが，チャンドラーの考えにもとづいた方法である。DXを推進するための企業組織を作り上げ，そこで活躍できる人材を集める。人材は，内部からでも外部からでも，その企業組織を運営させるために集める。人材には制限がない。

　もう一つが，アンゾフの考えにもとづいた方法である。DXを推進するための企業組織は，現在所属している人材が可能である範囲で行う方法である。ある意味で人材には制限がある。

　すなわち，DXを推進するためには，育成された人材を採用するか，企業組織内で人材を育成するかの両者になる。これからの経営学では，いかに環境変化に対応できる人材を育成するかが重要となる。

【注記】

1) Barnard, C.I., *The Functions of the Executive*, Harvard Univ. Press, 1938.
　　翻訳書として，山本安次郎・田杉競・飯野春樹訳『新訳 経営者の役割』ダイヤモンド社，1968年が出版されている。バーナード理論の解説書の1つに，飯野春樹編『バーナード 経営者の役割』有斐閣新書，1979年もある。
2) 榊原清則 『日経文庫　経営学入門〔上〕第2版』日本経済新聞出版社，2013年，16頁。
3) チャンドラーは「組織は戦略に従う」は以下の文献を参考にしている。
　　三菱経済研究所訳『経営戦略と組織　—米国企業の事業部制成立史』実業之日本社，1967年。
　　有賀裕子訳『組織は戦略に従う』ダイヤモンド社，2004年。
　　鳥羽欽一郎・小林袈裟治訳『経営者の時代—アメリカ産業における近代企業の成立—（上）』東洋経済新報社，1979年。
　　鳥羽欽一郎・小林袈裟治訳『経営者の時代—アメリカ産業における近代企業の成立—（下）』東洋経済新報社，1979年。
4) アンゾフは「戦略は組織に従う」は以下の文献を参考にしている。
　　中村元一監訳，田中英之・青木孝一・崔大龍訳『アンゾフ戦略経営論（新訳）』中央経済社，2015年。

第3章　経営管理

第1節　経営管理の定義と経営管理職能

　経営管理（business administration）とは，企業が存続・発展するために自社の経営資源（ヒト・モノ・カネ・情報）を適切に管理・運用する活動である。企業の経営管理活動は，企業を取り巻く環境に適合したものでなければならない。その目的は，経営戦略や事業計画を達成することである。

　経営管理の職能は，目的・目標の設定，動機づけ，組織構造づくり，経営者リーダーシップの4つが基本となる[1]。

①目的・目標の設定

　組織には人々の活動を調整し，統合する原理としての共通目的が必要である。職場集団や職務単位での目的・目標の設定と環境の変化や進捗状況による変更が必要となり，その根底にあるのが戦略目標である。

②動機づけ

　貢献意欲という組織の要素に関連して必要となる。人々の動機や欲求を充足させ，目的・目標に向けて人々の職務への意欲と意思を引き出すための職能である。

③組織構造づくり

　企業には戦略があり，その達成に向けた課題を解決するためのコミュニケーションが行き届き，成果を最大限に発揮できるための組織構造が必要となる。職務の配分，権限と責任の諸関係，管理職位や管理職員のシステム，ステイタス・システム等の構造的要因を含む経営組織を形成・編成する職能である。

④経営者リーダーシップ

　経営管理のリーダーの言動は，経営活動に大きく影響を与える。経営理念，ビジョン，行動基準，規範を変革・創造する機能が経営者リーダーシップである。

　これらの経営管理職能に対して，職務上区分された経営活動がある。経営活動の内容は，基本経営活動と支援経営活動に大別することができる。基本経営活動には，研究開発，購買，生産，マーケティング，財務といったものがある（図表3-1）。基本経営活動は，経営資源を活用し，生産や販売といった利益を生み出すにあたり直接的に関与する経営活動である。これに対して，支援経営活動には，人的資源，情報システム，経理，経営企画等がある。支援経営活動は，基本経営活動が円滑に動くように，職能ごとに支援，補助，助言，提案をおこなう活動である。なお，研究開発，購買，生産，……のそれぞれの経営活動には経営管理職能がある[2]。

図表3-1　経営管理職能と経営諸活動

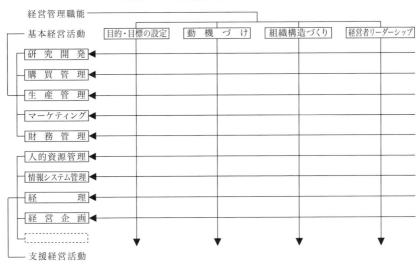

出所：片岡信之編著『要説 経営学』文眞堂，1994年，126頁を一部改。

第2節　部門別の経営管理

　ここでは，部門別の経営管理について整理する。

（1）研究開発

　研究開発（R&D：Research and Development）は，市場のニーズと技術の
シーズ（根源）を組み合わせることで新製品や新製法を生み出す。

　企業は，研究開発管理をおこなう上で，どのような研究開発の組織構造と組
織プロセスを採用し，技術人材のマネジメントをおこなうことによって企業の
成長を促し，新しいテクノロジープラットフォーム[3]を作り，新製品を生み出
す仕組みを作っているのかが解明されなければならない（図表3-2）。

図表3-2　研究開発マネジメントの体系

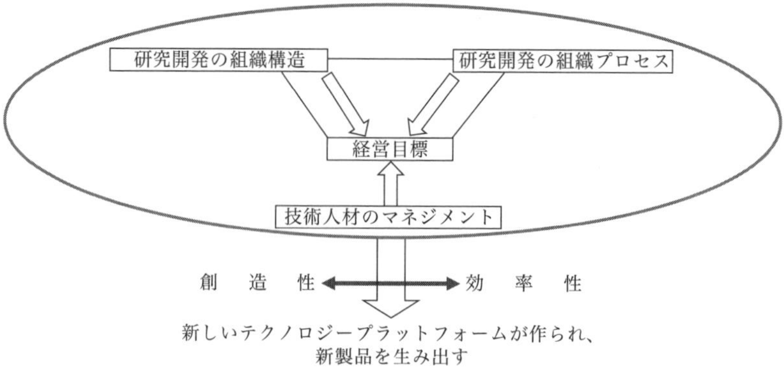

出所：金子秀「研究開発マネジメントの理論的考察」埼玉大学経済学会編
『社会科学論集』第122号，所収，2007年，29頁。

（2）購買管理

　製造企業では原材料の調達，卸売・小売企業では，商品の仕入れがこれに相
当する。また，購買する時期や取引先の選択や管理もする。生産活動を滞りな
くおこなうためにも重要となる。在庫管理，納品予定などを考慮に入れる必要
がある。また，リードタイムを考慮する必要がある。

（3）生産管理

　製造企業にとって，生産活動は業務の根幹である。生産管理とは，受注や製造の仕掛状況を把握しながら，原材料の調達・製造工程など，生産計画にもとづく業務全般の管理をおこなうことである。生産計画を立案するにあたり，需要予測をする必要がある。その需要予測には，消費者や競合他社の動向，社会・政治・経済の動向，人口統計などといった様々な要因が複合的に関係してくる。これらを加味して生産計画を立案するが，この時に製品，数量，納期といった情報から生産開始時期や生産スピードを調整する。製品の製造にかかったコスト（原材料費や加工費）を算出し比較・分析をおこなう管理を原価管理という。見積もり時の予算の実際原価と比較分析することで利益改善に向けて役立てる。

　生産方法の分類は，様々だが，注文の時期で分類すると，注文生産方式と見込生産方式とに分類することができる。最終消費者向けの商品については，その多くに見込生産方式が採られる。上述の購買と同様，リードタイムを考慮する必要がある。

（4）マーケティング

　マーケティングについて，1967 年にコトラー（Kotller, P.）は，「選択した顧客層のニーズと欲求を，利益をあげつつ充足させる目的の下に，顧客に投ぜられる企業の資源，政策，諸活動を分析し，組織化し，計画し，そしてコントロールすること」[4] と定義している。

　アメリカ・マーケティング協会（AMA：American Marketing Association）は，2007 年に「顧客，依頼人，パートナー，社会全体にとって価値のある提供物を創造・伝達・配達・交換するための活動であり，一連の制度，そしてプロセスである。」[5] と定義している。

　他にも定義は様々あるが，共通することを平たく言えば売れるための仕組みを作ることであり，プロセスとしては，マーケティング・リサーチ，マーケティング戦略，宣伝広告がある。

　マーケティング・リサーチは，市場調査にもとづき，将来の市場動向に対する予測や分析・考察をおこなうことをいう。マーケティング・リサーチと市場

調査は同義ではない。市場調査は，現在の市場，トレンド，自社商品やサービスの認知度，競合他社の状況，顧客のニーズなどを調査することである。将来の市場動向を予測するためには，人数・金額・割合といった数値化できる定量調査と価値観・イメージ・印象といった数値化しにくい定性調査とがある。前者の場合は，アンケート調査がその典型である。後者の場合は，インタビュー，座談会，覆面調査（ミステリーショッパー）などがある。

　マーケティング戦略は，市場調査で判明したデータをもとに現在の市場を把握し，将来の市場の動向を予測したうえで，販売促進に繋げるためのマーケティング計画を立てることである。

　宣伝広告は，マス媒体（テレビ・ラジオ・新聞・雑誌など）の広告，Web媒体の広告（デジタル広告やオンライン広告とも呼ばれる），交通広告（電車やバスの吊りポスター・吊り革，車内アナウンス，車体広告）などがある。

(5) 財務管理

　経営資源（ヒト・モノ・カネ・情報）の「カネ」の管理である。活動内容には，経営活動に必要な資金を調達・運用し，利益を出すための計画を立てることがあげられる。財務管理は損益計算書や貸借対照表などをもとに業務をおこなう。財務管理の目的が，資金調達や資産運用であるのに対し，財務会計・管理会計は資金の出入りを記録・管理することが目的である。財務会計は，企業外部に向けて情報発信することを目的とする。これに対して，管理会計は企業活動の評価・統制，将来予測に向けて企業内部で活用することを目的とする。

　財務管理で注意すべきことにキャッシュフローがある。会計上は利益をあげていても，買掛金などの理由で，手元の現金が不足すれば倒産することもある。

(6) 人的資源管理（HRM：Human Resources Management）

　経営資源（ヒト・モノ・カネ・情報）の「ヒト」の管理である。人的資源管理は，企業の目的や目標の達成に向けて従業員の採用や育成を目的とした管理活動である。

　人的資源管理の基本となる人材リソースフローを図表3-3に示す。人材リソースフローとは，「採用（入社）から異動，代謝（退職）までの企業における

人材の流れ」である[6)]。これには，人事評価，人材開発，等級，報酬が密接に関係する（図表3-3）。

図表3-3　人材リソースフロー

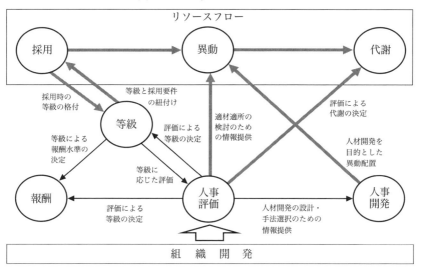

注：太線矢印はリソースフローに与える影響。
出所：坪谷邦生『図解人材マネジメント入門』ディスカヴァー・トゥエンティワン，2020年[7)]。

　以下に，人材リソースフローの①採用，②異動，③代謝，について説明する。
①採用
　採用は，企業の目標を達成するためのマンパワーを適切に充足するため，企業の外部から労働者を調達することである。そのためには，まず，現状の労働サービス量，確保可能な労働サービス量，雇用形態などを考慮して採用計画を立てる。次に，採用計画にもとづいて採用募集活動をする。
②異動
　職場間の移動を異動（人事異動）という。日本における教育訓練は諸外国のそれと比較すると多くの時間をかけている。これは，終身雇用制度や年功序列型賃金制度によって長年にわたって従業員が同じ企業で就労することが関係し

ている。時間やお金をかけてでも教育訓練をすることは効果があるといえる。

③代謝

　どのような仕事（ふるまい）をすれば評価されるかを認識させることを意味する。人事評価は，ある一定期間ごとにおこなう。人事評価の目的は，生産性の向上を図ることで，企業の目標達成につなげることである。評価は昇進・昇格や賃金という形で具体化される。

(7) 情報システム管理

　企業内の情報ツールの管理，従業員データ・顧客データの管理，さらには各種情報の活用をすることである。パソコンなどの情報機器のセットアップ，システムのメンテナンス，セキュリティ対策などをおこなうことで情報を効率的に活用できる環境を整備する。

(8) 経理

　経営活動におけるお金の記録・管理である。伝票，請求書，領収書の作成，入出金，各種帳簿の記帳，固定資産台帳（固定資産取得時の状況や減価償却の状況の記録）といった内容の管理をおこなう。

　類似する用語として会計がある。会計は，企業の経営活動における損益状況ならびに財政状態などを利害関係者に報告することである。ここでいう利害関係者とは，企業内部の経営者・管理職・従業員など，企業外部の官公庁・取引先・地域住民などといった，利害関係が生じる人や組織を指す。

(9) 経営企画

　企業の中長期にわたる経営戦略の策定である。経営戦略とは，「企業を取り巻く環境の変化に対応しながら，企業の長期的な目標を達成するために，自社の経営資源（ヒト・モノ・カネ・情報）を有効配分すること」[8]である。

　その策定プロセスは，図表3-4に示すとおりである。

図表3-4　経営戦略策定のプロセス

環境分析　→　自社分析　→　目標の設定　→　経営戦略の策定

出所：筆者作成

　環境分析は，政治・経済，国際情勢，法律，需要の変化，産業構造，技術，人口統計，所得階層，競合他社の動向，などを考慮する必要がある。環境は自社の力ではコントロールできないという特性がある。重要なのは環境を認識し，その変化を予測することである。自社分析は，自社の経営資源の能力を把握するためにおこなわれる。予算や売上，利益の他，組織体制，社内リソース，マーケティング戦略なども踏まえて分析をおこなう。目標は，環境分析と自社分析をもとに設定する。目標の設定にあたり企業の活動領域を意味するドメインを決定しなければならない。

　経営戦略には，全社戦略，事業戦略，機能別戦略という3つのレベルがある。全社戦略（企業戦略）は，企業としてどのような方向に進むかを決める戦略である。事業戦略は，特定事業としてどのような方向に進むかを決める戦略である。事業部が1つだけの企業の場合は，全社戦略＝事業戦略となる。機能別戦略は，各機能（職能）を有効活用するための戦略である。生産，研究開発，人事，財務，マーケティングなどについて策定される（図表3-5）。手順としては，通常，企業戦略→事業戦略→機能別戦略の順に決められる。

図表3-5　経営戦略策定のプロセス

全 社 戦 略		
事業戦略	事業戦略	事業戦略
研 究 開 発 戦 略			
生 産 戦 略			
人 事 戦 略			
財 務 戦 略			
マーケティング戦略			

出所：石井淳蔵・奥村昭博・加護野忠男・野中郁次郎著『経営戦略論』有斐閣，1985年，11頁をもとに筆者作成。

第3節　経営管理の課題

　今日の企業環境は，従来から存在する競合他社に加え，新たに参入してくる企業が出現することで競争が激化している。こうした中で，柔軟かつ高度な経営管理技術が要求されるようになった。それには，例えば，商品のライフ・サイクルの短縮化，技術革新，新規事業の立ち上げ，従業員満足の意識と対応などがあげられる。これらの影響について，以下に述べる。

(1) 市場の成熟化に伴う顧客ニーズの変化

　既に生活に必要なものは行き届き，需要は一段と多様化している。こうしたこともあって商品のライフ・サイクルは短くなっている。

(2) 技術革新

　技術革新によって，事業の縮小や撤退を余儀なくされたり，多角化が必要になったりすることがある。

(3) 新規事業の立ち上げ

　企業が大規模化する中で，単一事業から多角化し，複数事業部を持つようになった。これは，技術革新や商品のライフ・サイクル，さらには，需要の変化に伴って衰退する事業部が出てきてもリスク回避できる体制を構築する目的がある。

(4) 従業員満足

　顧客満足度はもちろんであるが，近年は，従業員満足度を重視する企業が増えている。従業員満足度は，顧客満足度向上の根源であり，それに着目することが，企業業績に深く関係していると考えられる。

(5) 高度な情報技術を兼ね備えた人材

　経済産業省は，「IT人材の不足は，2030年には約79万人に拡大すると予測され，今後ますます深刻化する。…（中略）… AI等を使いこなして第4次産業革命に対応した新しいビジネスの担い手となる高度IT人材の育成が急務である。」[9] と指摘している。

　また，人工知能，機械学習，ディープラーニング（深層学習），データサイエンスなどによるデータ解析に関する知識と技術を持つAI人材や，DXを推進するためのスキルを持ち，実行できるDX人材も求められる。

【注記】

1)　南龍久「経営管理の基本性格と構造」片岡信之編著『要説 経営学』所収，文眞堂，1994年，125 〜 126頁。4つの経営管理職能については，南の記述を基本として筆者が加筆・修正した内容である。

2)　南龍久「経営管理の基本性格と構造」片岡信之編著，同上書，所収，文眞堂，1994年，126 〜 127頁。

3)　技術，ノウハウ，人材，特許・設備などが集積し一体化したもの。

4)　コトラー（Kotller, P.）著，伊波和雄他訳『マーケティング・マネジメント（上）』鹿島研究所出版会，1971年，17頁。

5)　アメリカ・マーケティング協会（AMA：American Marketing Association）の2007年の定義。

6)　坪谷邦生『図解人材マネジメント入門』ディスカヴァー・トゥエンティワン，2020年，139頁。

7)　同上。

8)　髙木直人・水野清文『現代経営学の本質』五絃舎，2023年，51頁。

9)　経済産業省ホームページ（https://www.meti.go.jp/shingikai/economy/jinzai_ikusei/pdf/001_03_00.pdf　2023年11月30日取得）。

【主要参考文献・主要参考資料】

石井淳蔵・奥村昭博・加護野忠男・野中郁次郎著『経営戦略論』有斐閣，1985年。

片岡信之編著『要説 経営学』文眞堂，1994年。

金子秀「研究開発マネジメントの理論的考察」埼玉大学経済学会編『社会科学論集』第122号，所収，2007年。

コトラー（Kotller, P.）著，伊波和雄他訳『マーケティング・マネジメント（上)』鹿島研究所出版会，1971年。

髙木直人・水野清文『現代経営学の本質』五絃舎，2023年。

坪谷邦生『図解人材マネジメント入門』ディスカヴァー・トゥエンティワン，2020年。

経済産業省ホームページ（https://www.meti.go.jp/shingikai/economy/jinzai_ikusei/pdf/001_03_00.pdf　2023年11月30日取得）。

第4章　会計情報から企業のことを知る

第1節　「会計」と「会計情報」

　一般に「会計」と聞いたときにイメージすることは何であろうか。本章では一般用語としての「会計」と経済活動における「会計」の意味との相違を把握し，そして後者の意味の「情報としての会計」を理解しよう。まずは『広辞苑』における「会計」の説明を見てみよう。同書では以下の4つをその意味としてあげている。

「① 金銭・物品の出納の記録・計算・管理。また，その担当者。
　② 企業の財政状態と経営成績を取引記録に基づいて明らかにし，その結果を報告する一連の手続。また，その技術や制度。企業会計。
　③ 官庁組織の単年度の収支を予算との対比で把握する予算決算。また，その技術・制度・単位。官庁会計。
　④ 飲食店などで代金を勘定して支払うこと。「お—」。」1)

　一般に「会計」についてイメージしていることは，①と④であろう。つまり現金やキャッシュレス等による代金の支払・受取であり，当事者がそれを記録する行為（簿記）である。家計簿を考えてみよう。家計簿は現金等の受払を食費，光熱費，通信費などの一定の支出項目に応じて記録する。現金の受取は一般には給与の受取などである。

　家計簿をつける目的は，現金の手元有高や，ある時点または一定期間（今日，今週，今月など）に何にいくら使ったか等を把握することである。したがって，家計簿は自身の消費行動の「情報」といえる。多くの場合，家計簿の記入は煩

雑であり記入することで満足してしまう傾向にある。しかし重要なことは，家計簿の「情報」をどのように活用するかである。

　ここで毎月の給料が25万円の2人の会社員AさんとBさんがいるとしよう。Aさんは家計簿をつけているがBさんはつけていない。2人は給料を受け取って半月後の時点で現金有高はともに10万円である。Aさんは今月の家計簿をもとに自身の消費行動を振り返り，何に多額の支出が行われたかを把握する。同時に先月までの家計簿をもとに残り半月にどのような支出がされたかを把握する。これによりAさんは次の給料日までの支出計画を立て，それをもとに生活をし，ときにその計画と実際の支出との比較をして自身の消費行動を修正して給料日を迎える。

　一方，Bさんは家計簿をつけていないため自身の消費行動を把握することも，また今後の支出予定も正確に把握できない。このため最後の週は1日○○円で過ごさなければならない，あるいは給料の前借りをするようなことになりかねない。このように家計簿は，自身の日々の消費行動を現金支出（電子決済等を含む）にもとづき記録・把握し，それをもとに今後の消費計画を立てることに意味がある。

　家計簿の例は，AさんとBさんを企業に置き換えたときにも共通する部分がある。企業もまた記録をもとに自社の状況や問題点を把握し，今後の計画を立て実行し，その結果を再び記録で把握して次の行動を検討するということを絶えず繰り返して事業活動を継続する。ただし，家計と企業の会計には大きな違いが2つある。第一に，家計が原則として定額収入（主に給料等）を前提にしているのに対して，企業は自らの活動そのものが収入をもたらし，その収入を得るために支出がおこなわれる。商品を販売する（収入を得る）ためにはまず，それを仕入れる（支出をする）必要がある。一方，家計では給料等を得るために消費支出をするわけではない。

　第二に，家計は収入に応じて支出が決まる。支出に応じて給料等が決まるわけではない。仮に支出計画が先であれば，それが給料等を上回るならば別の収入を確保しなければならないだろう。一方，企業の場合には，事業活動の計画

が決められ，それに応じて支出（の内容と金額）が決まり，そのための資金を
用意する必要がある。その資金が事業活動のために支出され，その成果として
売上等による収入（家計における給与等）となる。このように企業の場合には，
はじめにそして継続的に事業活動に必要な資金を獲得するという重要なプロセ
スが存在する。このことが「会計」に②の意味をもたらす。次節では，この②
の意味について詳しく見てみよう。

第2節　会計情報の構成

　会計情報は日々の記録を集約して作成される。その情報は目的に応じて作成
され，その目的は外部（報告）目的と内部（管理）目的に大別される。そして
情報の内容はその受け手のニーズに応じたものとなる。

図表4-1　目的別の会計

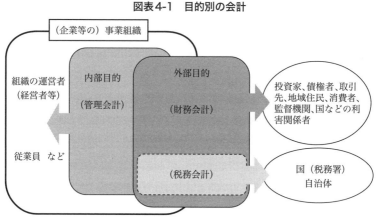

出所：岩谷誠二『会計の基本』日本実業出版社，2010年，19頁を修正して筆者作成。

　外部目的の会計は，企業の状況を主として企業の外部者に提供するものであ
る。外部者への提供にあたっては，不特定多数に提供する場合と一部の限定さ
れたものにのみ提供される場合がある。前者は投資家等を含む利害関係者に公

表されるものであり，だれもがその情報を入手できることが想定されており，財務会計といわれる。公表される情報は，企業の活動の状況や成果を示すものであり，その利用者はそれらを把握すると同時に他社との比較にも利用して様々な意思決定をする。このため，財務会計では情報の形式と内容について一定の統一性や比較可能性等が重要となり，そのための会計基準やその適用等を強制する法制度が必要とされるため制度会計ともいわれる。制度会計には，後者の一部のものに提供される会計も含まれる。この情報の提供先は税務署等であり，税法により要求され，かつ統一した様式（納税申告書等）により提出される。後者が前者と大きく異なるのはその情報の秘匿性である。納税に関する情報はプライバシーとして保護されるものであり，公開されるものではない。また同じく企業外部に提供される情報であっても，財務会計と税務会計は目的が異なるものであるから，その情報も必ずしも同じものではない。

　一方，内部目的の会計は企業内で利用される情報であり，それは自社の状況を把握し，その状況に適切に対処する，あるいは情報にもとづき計画を立案し実行するための意思決定に資するためのものであり，管理会計といわれる。この場合には企業間で内容が統一される必要はなく，企業内でその必要度に応じて独自の情報が作成される。

　両会計には重なり合う部分もある。例えば，製品の原価を把握することは，自社の生産活動を数値化するとともに，どこに問題があるかを把握し必要な措置をとるためなどに重要である。同時に，企業の外部への情報においても売上原価そして利益の算定において重要な情報である。

　財務会計で提供される情報は公開情報であることから，企業のなかで会計情報の作成・利用にかかわっていないものでも入手できる。このため，従業員等もまた財務会計が想定する利害関係者に含まれ，また国や自治体等も含まれることになる。このように，管理会計の情報は企業内では非常に有用かつ重要なものであるが外部者には入手困難なものであるのに対して，財務会計は広く利用可能な一定の水準で統一された情報を提供しており，利害関係者の様々な意思決定に資する情報が提供されている。ここからは公表される会計情報の内容

に限定して話を進めよう。

　企業が公表する会計情報は，その公表を要求する法律等により異なり，また企業の形態や規模等によっても異なる。ここまで会計情報を定義することなく話を進めてきたが，ここからはそれを法律等で公表が要求される財務諸表[2]に，特に貸借対照表と損益計算書に限定する[3]。

第3節　会計情報から企業イメージを掴む

　貸借対照表と損益計算書は下記の情報を提供している。

　貸借対照表 …… 一定時点の企業の財政状態

　損益計算書 …… 一定期間の企業の経営成績

　これらの情報は一般に1年の会計期間を前提にしており，貸借対照表はその期間のいずれの時点でも作成できるが，通常はその最初（期首）と最後（期末）に作成される。貸借対照表は，企業の財産等を意味する資産，企業の支払や役務の提供義務等を意味する負債，さらにそれらの差額を意味する純資産で構成される[4]。次の単純な例で考えてみよう。

　家を出る前にあなたの手元には現金が35,000円ある。そのうち10,000円は友人から来月返済する約束で借りている。したがって，資産35,000円と負債10,000円があるので，その差額25,000円が純資産となる。家に帰ってきたときには，現金が44,000円になっていた。このとき資産は44,000円だが負債は10,000円で変わらないので，純資産は34,000円である。あなたは1日で純資産が9,000円増額している。あなたが事業活動をおこなっていればこの純資産の増額分が純損益（この場合には純利益）とされる。外出前（期首）と帰宅後（期末）の財政状態を把握し比較することで純損益が算定できる。

　ところが，このままでは純損益が生じた要因が判明しない。あなたは労働サービスを提供して現金10,000円を受け取る一方で，そこまでの往復交通費に1,000円の支出をした。このとき10,000円の純資産の増額要因を収益といい，1,000円の減額要因を費用という。これを一覧表にまとめたものが損益計

算書である。したがって，損益計算書は期首と期末の貸借対照表の純資産の変動要因を説明するものであり，収益と費用の差額は先の純損益9,000円と一致する。

　貸借対照表と損益計算書の形式には勘定式と報告式がある。ここでは左右対称表示する勘定式のものを図表4-2に示そう。

図表4-2　勘定式の貸借対照表と損益計算書

貸借対照表　　　　　　　　　　　　　　損益計算書

| 資産 44,000 | 負債 10,000 |
| | 純資産 34,000 |

| 費用 1,000 | 収益 10,000 |
| 純利益 9,000 | |

出所：筆者作成。

　いずれも中心の縦線を境に左右対称に項目が示される。そして左右の大きさ（金額合計）は必ず一致する。図表4-2の数値は，前述の帰宅後の財政状態と外出時の行動にもとづいている。当然ながら，事業活動をおこなう企業の場合には様々なものが含まれており，一般的なものを示したのが図表4-3である。

図表4-3　貸借対照表と損益計算書

貸借対照表　　　　　　　　　　　　　　損益計算書

流動資産 現金預金、代金の未収、商品、製品、製造途中のもの、材料 など	**流動負債** 代金の未払や短期的な義務 など
	固定負債 長期の借金や長期的な義務 など
固定資産 土地、建物、構築物、さまざまな権利 など	**純資産** 出資者が会社に拠出した金額とこれまでの利益留保額

| **費　用** 販売・製造した商品等の購入・製造額（原価）、販売や業務運営に要した費用 など | **収　益** 主たる事業活動の売上 臨時の収益 |
| 純利益　9,000 | |

出所：筆者作成。

　資産および負債における「流動」とは，企業の主たる営業活動のサイクル（小売業であれば商品を仕入れて販売し，それらの代金の支払や受取をする）にあるもの，および1年以内に現金化もしくは決済されることを意味し，「固定」はそれ以外のものを意味する。したがって固定資産の多くは比較的長く所有する資産であり，固定負債の多くは支払期限等が1年を超えている負債である。

　一方，損益計算書の収益の多くは主たる営業活動の成果である「売上」または業務収益であり，それに臨時の（主たる営業活動以外の意味）収益等が含まれる。費用の主たる部分は営業活動にかかわるコストであり，その多くは顧客に提供する財・サービスの（売上）原価と，販売費および事業活動を営むために必要な費用（販管費）から構成される。

　これらの情報は定期的に作成されて外部に報告される。このため，一定期間ごとに作成される情報を比較すれば，企業の状態や活動を把握することができる。さらに，企業間の比較をすることもできる。

第4節　企業活動の違いは会計情報に現れる

　会計情報は企業活動を一覧表示しているので，その活動が異なれば貸借対照表や損益計算書の内容も異なってくる。図表4-4は2つの企業の貸借対照表データを百分比表示[5]したものである。

　A社の資産規模はB社の1.4倍程度である。ここで貸借対照表の各項目が何を意味しているかを考える必要はない。両社の同じ項目が占める割合に注目してほしい。資産項目を見てみると，A社はその他流動資産を除いて各資産の占める割合は概ね均等であるのに対して，B社は有形固定資産が半分以上を占めている。また，販売代金をまだ受け取っていないことを意味する売上債権や在庫を意味する棚卸資産の占める割合の違いも特徴的である。一方，負債の項目を見てみると，借金を意味する有利子負債の割合に大きな違いがみられる。

　これらから両社は相当に異なる事業活動をしていると考えられよう。具体的には，A社の事業は電気メーター等の機器類を製造する企業であるのに対して，

B社は食品スーパーである。A社ももちろん工場や機械等を必要とするが，B社はそれ以上に店舗等の有形固定資産を必要とする。また，われわれがメーター類を購入することは稀なのでA社の顧客は他の企業となる。企業間の取引は代金後払いでおこなわれるのが一般的なので売上債権の割合が高くなるのに対して，B社の主たる顧客はわれわれ消費者なので代金後払いの割合は少なくなる。また，流通業は売上を継続して伸ばすために新規出店が必要となるが，B社はそのための資金を借金に頼っていることが伺える。

図表4-4　貸借対照表の比較（百分比）

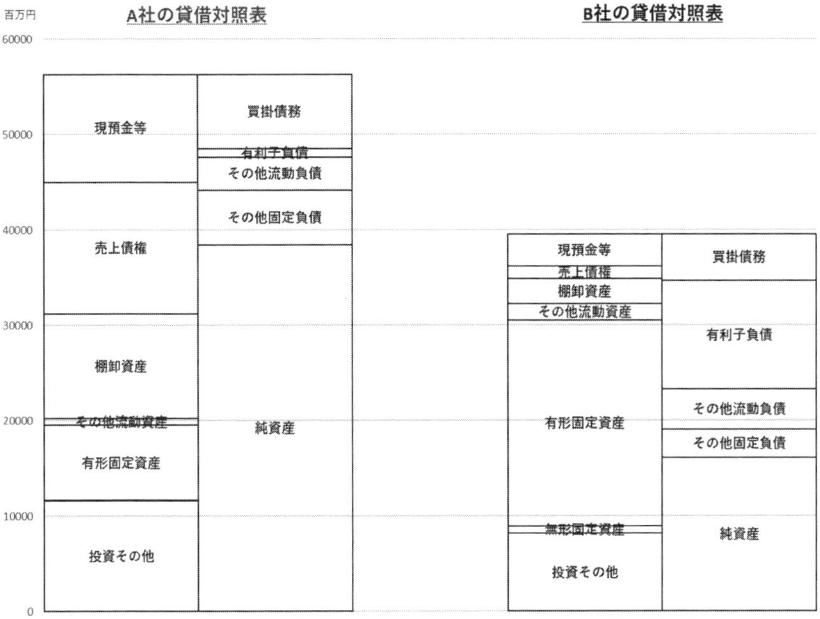

出所：A社およびB社の有価証券報告書（2023年度）をもとに筆者作成。

ただし，これらの違いは業種が異なることから生じるものである。同じ業種であれば一般に似たような傾向がみられるが，それでも各企業の経営戦略や方針等や，おかれている状況（例えば，業績が好調と思われる企業とそうでない企業）

の違いが会計情報には現れる。

　次に，図表4-5の損益計算書をみてみよう。損益計算書では，主たる営業活動の成果である営業利益の多寡を示す形式にしてある。貸借対照表とは異なり，その規模はB社のほうが大きい。しかし営業利益[6]はA社の割合が大きい。これはB社の事業が薄利多売かつ競合の多い事業であることが要因であろう。また，B社の費用に占める販管費の割合が大きいのも消費者向けに多くの広告や宣伝等が必要とされることが背景にある。A社の取引先は企業なのでそれらの費用は少なく，製品の原価が占める割合が大きい。したがって，両社が利益を増加させたいときには，売上つまり販売単価を引き上げるか，A社は原価をB社は販管費を引き下げる努力をすることになる。

図表4-5　損益計算書の比較（百分比）

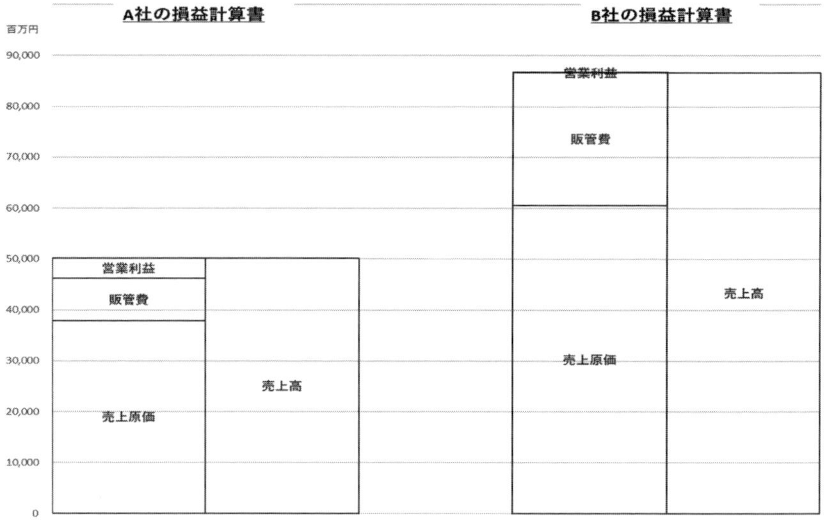

出所：A社およびB社の有価証券報告書（2023年度）をもとに筆者作成。

　また，企業は資産を活用して利益をあげることを目的としていることから，資産総額と営業利益の比率でその事業の効率性を図ることもできる。図表の素データによれば，

A社：3,980百万円/56,318百万円×100 ＝ 7.06%

B社：　32百万円/39,565百万円×100 ＝ 0.08%[7]

となり，A社の事業の効率性が大きく上回っていることがわかる。このように2つの会計情報のデータを組み合わせて企業の状況を把握することもできる。ここでは，企業の事業活動の相違が会計情報に現れることを意図して両社を比較しているが，同一業界で比較すればB社に対する評価もまた違ったものとなるであろう。

第5節　会計情報の信頼性

　本章では会計情報，特に公表される情報から何がわかるかをいくつかみてきた。しかし，公表される情報を作成するのは企業または経営者であることから，その情報には作成者が自身に都合よく作成しているという疑念が生じる。この疑念を解消し情報の信頼性を担保するのが「監査」である。企業とは利害関係のない第三者である会計プロフェッショナルが，定められた監査基準にしたがって会計情報が定められた会計基準にもとづき適正に作成されているか否かをチェックして意見[8] 表明する。

　この仕組みのもとで会計情報に信頼性が付与され，その情報にもとづき企業の外部者が様々な判断をできることになる。この監査業務を担うのが公認会計士であり，一定の企業や組織体には法律により監査が義務付けられ，わたしたちの経済活動においては，会計ならびに監査が重要な役割を果たしている。この監査意見が付された会計情報にもとづき投資家等が企業に資金を提供し，経済活動がおこなわれる。会計が経済インフラといわれる所以である。

【注記】

1)　新村出編『広辞苑 第7版』岩波書店，2018年，478頁。
2)　金融商品取引法や会計基準では「財務諸表」と会社法では「計算書類」とされ，またそれに含まれるものも若干異なる。

3) キャッシュ・フロー計算書も含めて基本三表といわれる。

4) 資産，負債および純資産の厳密な定義は異なるが，イメージを掴むうえではこの理解で構わない。

5) 本書の百分比の貸借対照表および損益計算書は下記の文献が示す方法にもとづき有価証券報告書のデータから作成している。

　　　村上祐太郎『なぜ，会計嫌いのあいつが会社の数字に強くなった？』東洋経済新報社，2016年。

6) B社の営業利益は金額が少なく図表では示せていない。

7) B社は当該年度に店舗閉鎖等をおこなって売上高が大きく減少している。前年度であれば2.66％であるが，それでも大きく下回っている。

8) 意見表明には，①適正意見，②限定付適正意見，③不適正意見および④意見差し控えがある。①と②の意見が表明されれば，情報は適正であるとされる。

【主要参考文献】

伊東暁人編著『現代社会と企業』学術図書出版社，2021年。

岩谷誠二『会計の基本』日本実業出版社，2010年。

佐藤誠二・石川文子・永田守男・佐藤郁裕『会計のしくみ 第2版』森山書店，2019年。

村上祐太郎『なぜ，会計嫌いのあいつが会社の数字に強くなった？』東洋経済新報社，2016年。

第5章　マーケティング

　現代社会において，消費者は日常的にスマートフォンなどのモバイルデバイスによるインターネットを利用した情報収集・発信やモノを購入するなど，時間や場所を選ぶことなくサービスを利用している。

　特に，消費者の価値観がモノからコトへ，所有から共有へと変化しているなかで，企業を取り巻くビジネス環境は大きな変革の時代を迎えておりビジネスモデルの変革に迫られている企業も少なくない。ますます多様化・複雑化している市場や消費者の変化に対して企業はこれまで以上に迅速な対応が必要なことから膨大なデータを分析してマーケティングに活用する必要が生じている。このような状況において，市場における顧客の維持と獲得に関わるマーケティング活動はこれまで以上に企業の存続や発展にとって不可欠な存在になっている。

第1節　マーケティングの生成と定義の変遷

(1) マーケティングの誕生

　企業におけるマーケティングは，時代とともにその役割や考え方は大きく変化している。マーケティングという用語は19世紀の後半にイギリスで発生した産業革命以降に大量生産・大量消費を迎えた時代から使用されはじめ，認知されたのはアメリカに波及した20世紀初頭であった。バトラー（Butler, R.S. 1882-1971）は，マーケティングの概念を最初に確立した研究者と同時に実務家のひとりであったとされている[1]。彼によると，「販売しようとする何かを持っているあらゆる人々に考慮しなければならない3つの区分されるべき事柄が存在する。そのひとつは人的セールスマンシップと販売管理に関するもの

で，第二は広告，そして第三は，人的セールスマンシップないし広告といういずれか一方だけにかかわるのではなし両者に共通するものである。」としてマーケティングの概念をそれまでの人的セールスマンシップと販売管理だけではなく広告を含めた販売に関する全ての事柄を含んだ広範な概念であることを明確にしている[2]。

　アメリカでマーケティングが登場した背景には，気候，風土，習慣，人種など地域によって異なる広大な国土に対して，製品をいかに効率的かつ効果的に消費者に対して届けるかという目的のために市場や消費者を科学的に調査分析し，製品を差別化し販売計画や販売方法を立案するための戦略の必要性が生じたことが理由として考えられる。

(2) マーケティングの定義の変遷

　マーケティングは20世紀初頭のアメリカで誕生した比較的新しい学問であり，その定義についても消費者，社会状況，経済状況，ライバル企業の動向など時代の移り変わりとともに大きく変化しているが，常に顧客中心主義を前提とした学問であることに変わりない。

　マーケティングは，1935年のアメリカマーケティング教育者会議の定義をもとに1948年にアメリカマーケティング協会（AMA：American Marketing Association）がはじめて定義づけをしてから1960年，1985年，1990年，2004年，2007年，2017年（2017年の定義は2007年と同じ）と6度にわたり改訂されている[3]。それは，企業を取り巻く外部環境の変化とともに，当初の商品やサービスを対象とした狭い範疇から全体のプロセスや制度，対象領域も広がっており定義を改定する必要性が理由として考えられる。

　特に，定義が大きく変化したのは2004年の定義であり，マーケティングは，顧客に対して価値を創造する一連のプロセスであり，組織的な活動であり，顧客関係を管理するための一連のプロセスである。その主体も営利企業に限定されることなく，非営利組織（政府，学校，生協，NPO等），あるいは株主，顧客，取引先，従業員，地域住民などの利害関係者であるステークホルダーまで踏み

込んで定義づけをしている。

また2007年の定義では，以下に示されているように，「Marketing is the activity, set of institutions, and processes for creating, communicating, delivering, and exchanging offerings that have value for customers, clients, partners, and society at large. マーケティングとは，顧客，依頼人，パートナー，社会全体にとって価値のある提供物を創造・伝達・配達・交換するための活動であり，一連の制度，そしてプロセスである[4]。」とさらに対象が拡大している。それまでの定義の中核概念であったマーケティング管理（マーケティング・マネジメント）の要素に加えて，交換，社会全体という広い概念を用いることにより，マーケティングが果たす役割や重要性が増したことを提示している。

すなわち，マーケティングとは主体や対象が拡大しようとも，組織やその組織の利害関係者が相互に利益を獲得し，満足を実現するための理念や行動といえるだろう。

第2節　マーケティング概念の変化

マーケティングは，企業や消費者を取り巻く外部環境の変化に応じて時代を重ねるごとにその意味や役割も変化してきている。マーケティング研究の一人者であるコトラー（Kotler, P. 1931-）はマーケティング1.0 〜 5.0を提唱し，時代とともに変化するマーケティングの概念について説明している[5]。

(1) マーケティング1.0とは

マーケティング1.0とは製品中心のマーケティングを示している。1900年代〜 1960年代は，製品の需要が供給よりも多く大量生産・大量販売を軸として商品をできるだけ安価な価格で販売し利益を最大化させることを目的としており，企業が顧客に対して優位性をもつ時代であったといえる。この時代には，4Pと呼ばれるフレームワークが誕生し，製品（Product）にどれくらいの

価格（Price）を付け，どのように，あるいは何処（Place）で販売するか，そして
てどのように広告や販売促進を通して顧客に知ってもらうかというプロモー
ションを（Promotion）を考えるフレームワークが誕生した。

(2) マーケティング2.0とは

　マーケティング2.0とは，顧客志向のマーケティングとされている。1970
年代〜1980年代に入ると商品が大半の人々に行き渡るようになり，企業は製
品を安く販売することから顧客が満足するような消費者ニーズやウォンツを満
たした製品戦略が必要不可欠となった。

　特にマーケティング2.0の時代においては，消費者ニーズを意識したアプ
ローチを展開する必要性が生じ，現代のマーケティングにおける基礎的な理論
として確立されているSTP分析などのフレームワークが登場した。このフレー
ムワークは，マーケティング戦略を遂行する際の軸となり，それらはセグメン
テーション，ターゲティング，ポジショニングから成り，市場を細分化するこ
とにより設定したターゲットごとに消費者のニーズに適合したマーケティング
を展開するものである。

(3) マーケティング3.0とは

　マーケティング3.0の時代は人間中心のマーケティングとされている。
1990年代になると，成熟期を迎え企業の製品も優れていることが当たり前に
なり，消費者は製品そのものよりも企業の裏側にあるストーリー性や共感性が
重要視されるように変化した。言い換えれば，企業は単に消費者ニーズを満た
す製品やサービスを販売するだけではなく，企業の製品に対する想いや社会的
な価値など，企業は顧客とともに社会への価値を共創していくことが重要とさ
れている。

(4) マーケティング4.0とは

　2010年頃からマーケティング4.0として自己実現というマーケティング概

念が広がり始めた。それは，消費者がブログやSNSをはじめとしたソーシャルメディアの進展により社会的な価値とともに，自己実現などの精神的な価値を満たすための商品を購入するようになり，購入後も企業や製品について情報を発信するような行動を起こすようになった。企業は顧客に対して商品を購入することを促すだけではなく商品やブランドに対してファンになってもらい，周りの人々にクチコミ，SNS，ソーシャルメディアを通して推奨してもらうためのマーケティングが重要になっている。

(5) マーケティング5.0とは

　2020年代になると最新のテクノロジーが出現し，「人間を模倣した技術を使って，顧客が商品を購入し，利用，継続・再購入するまでの道のりであるカスタマー・ジャーニーの全行程で価値を生み出し，伝え，提供し，高めること」というマーケティング5.0という新しい概念が提唱された。企業は人工知能，自然言語処理，センサー，ロボティクス，拡張現実（AR），仮想現実（VR），IoT，ブロックチェーンなどの最新の技術を駆使してビッグデータを解析し顧客体験価値を高める時代になると説いている。一方で，テクノロジーの進展により人間の行動パターンの読み取りは可能になるものの，人間の態度や価値観などの行動の背景にある動機など精神部分は読み取ることができないため人間とテクロノジーは共生されると説明している。

第3節　マーケティング・ミックスとSTP

　マーケティング・ミックスやSTPは現代においてもマーケティングの基礎的な理論として確立されている。マーケティング・ミックスの代表的な分類は，1961年にジェローム・マッカーシー（McCarthy, E.J. 1928-2015）が提唱した製品（Product）価格（Price），流通・場所（Place）販売促進（Promotion）の4Pがある[6]。

　一方，STP分析も同様であり，個々の製品・サービスや事業に関するマーケ

ティング目標が確認されると，その目標を達成するために STP と呼ばれるセグメンテーション（Segmentation），ターゲティング（Targeting），ポジショニング（Positioning）を検討しコンセプトを明確にする必要がある[7]。

　セグメンテーションとは，市場全体（マス・マーケット）を変数により細分化して，その一部をターゲットとして絞り込むための準備をすることであり，一般的に市場を細分化することを，マーケット・セグメンテーションと呼び，また細分化された変数をセグメントと呼んでいる。セグメンテーションは，多様な角度や方面から市場を調査し，ユーザー層，購買層といった形であぶり出すことにより切り口を探しだしていくことになる。

　セグメンテーションに用いられる変数としては「人口動態変数（Demographic Variables）」，「地理的変数（Geographic Variables）」，「心理的変数（Psychographic Variables）」，「行動変数（Behavioral Variables）」が多く使用されている。

①人口動態変数・デモグラフィック（Demographic Variables）

　年齢，家族構成，性別，所得，職業，教育水準，宗教，人種，世代，国籍，社会階層などの属性で区分する方法である。

②地理的変数・ジオグラフィック（Geographic Variables）

　地理的に分割する方法であり，国家，地域，都市・市町村などの属性で細分化をするものである。自社の活動する中心領域を国内に限定するなど，都市部に設定するケースでは，セグメンテーションを地理的変数として用いる場合がある。

③心理的変数・サイコグラフィック（Psychographic Variables）

　価値観，ライフスタイル，性格，個性，嗜好性などで分類する方法であり，この変数による細分化は，アンケートの結果などから変数を導きだし，セグメンテーションの変数として設定することが一般的なアプローチ方法である。

④行動変数（Behavioral Variables）

　製品の利用状況や購買頻度，製品に求める価値，製品に対する態度などの属性により分類する方法である。具体的には，ヘビーユーザー向け，あるいはライトユーザー向けなど購買頻度や製品に対する知識，態度，使用状況などによ

り市場を細分化する方法である。

　市場細分化によって，市場規模や成長性，市場やセグメントの長期的な魅力度（競争企業，潜在的な参入企業の有無，代替製品，買い手，供給業者など）を評価したうえでどのセグメントに向けてターゲットを設定するかを決定することになる。そして，ターゲットが決定された後は，消費者に対して自社の製品やサービスをどのようなポジションに位置づけるのかを決定する必要がある。その際ポジショニングの軸になるのは，価格帯や品質・機能，デザインといったものを考慮して考えられることになる。

　コンセプトが決定されると，それを具体的な活動に落とし込むための計画であるマーケティング・ミックス（製品，価格，流通，プロモーション・コミュニケーションである4Pの組み合わせ）を策定することになる。一般的には，市場に提供する製品・サービス，ブランドに関する課題，価格設定に関する課題，商品流通の課題，あるいは販売経路や場所などのチャネルに関する課題，そして販売促進活動や広告などのプロモーション・コミュニケーションに関する課題など，マーケティングの要素を商品やターゲットの特性に合わせて組み合わせる意思決定のことである。

（1）製品（Product）

　製品は，企業が市場・消費者の購買行動調査，需要予測などのマーケティング・リサーチによって収集したデータから製品コンセプトにもとづいて，顧客に提供しようとするベネフィット（便益）を反映した製品の決定をすることである。ベネフィットとは，消費者の製品所有，使用，消費することで得られる価値や満足を意味している。現代社会においては，同種のベネフィットを提供する企業が多数存在するものの多くの競合製品の中で，差別化することにより自社の製品の特徴を明らかにし，競合製品との違いを強調して自社製品に対する顧客の支持を得ようとすることである。

　顧客は製品によって得られる価値に対して対価を支払っているため，顧客が求める本当の価値はどのようなものか考慮しそれに応える必要がある。

　製品概念の中核となすのは，消費者や生活者がある製品に期待する便益・サービスであり，消費者が製品を購入するのは，生活をしていくうえで必要となるニーズを具体化したり，あるいは充足したりするものや目的を果たすことが可能となるものである。そして，製品の中核となる便益を取り巻いている2つ目の階層には，実質的に製品を形成している成分，品質，特徴であり，さらに主にイメージを形成しているスタイル，パッケージング，ブランドなどの感覚部分である。さらに，その周りを取り巻く3つ目の階層が保障，アフターサービス，取り付け，配達，信用供与など製品売買を行うことにより生じる様々な付加部分である。

　このように，製品とは目に見える特徴や特性ばかりではなく，顧客のニーズを満足させる様々な便益の束として捉えられることから，製品の3つの階層レベルについて検討し，顧客にとってどのような意味付けをする製品を提供するのかを決定する必要がある。

図表5-1　商品の3層構造モデル

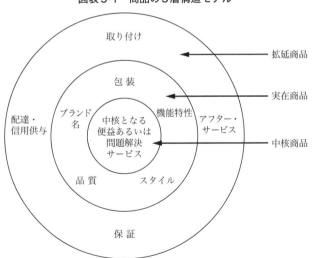

出所：Philip Kotler and Gary Armstrong, Principles of Marketing, 6th ed., Prentice-Hall, Inc., 1994, p.277 (Figure 10-1).

(2) 価格（Price）

　顧客が製品・サービスを購入するかどうかは，製品そのものの機能やベネフィット，付随的なサービスだけでなく，その製品購入のために支払う金額も重要な要素である。価格については，値段の設定と，設定した価格をいかに管理していくかという2つの問題がある。価格の決定方法については，基本的に需要と供給のバランスによって決定されるが，企業の一般的な価格設定の考え方は，コスト，競争，需要の3つを考慮して考えられる。

(3) 流通（Place）

　マーケティングでは，ある企業が消費者へと製品を売買する流れをチャネルと呼ぶが，製品をどのように消費者に届けるかを決定する必要がある。生産者のチャネルに関する意思決定は，商品の特性や企業のマーケティング戦略などを考慮して決定されるが，考慮されるべき点はチャネルの長さ，幅，開閉度などを検討することになる。チャネルの長さとは，チャネルに含まれる段階の数を指しており，①生産者→消費者，②生産者→小売業者→消費者，③生産者→卸売業者→小売業者→消費者，④生産者→卸売業者→卸売業者→小売業者→消費者と介在する当事者が多くなればなるほどチャネルは長くなることになる。また，チャネルの幅は，チャネルの市場把握範囲を指しており，当該商品を取り扱う小売店の数と，それらの空間的広がりを意味する。

(4) プロモーション（Promotion）

　プロモーションとは製品に関する情報を多くの消費者に対して発信する情報提供活動であり，その意思決定の焦点は情報（メッセージ）の内容や伝達手段を検討することである。それらは，広告，人的販売，パブリシティ，セールスプロモーション（販売促進）の4つに分類される。

　広告とは，有料のメディア（媒体）を通して，メッセージを非人的な方法で伝達する手段である。これまではマスメディアと呼ばれるテレビ，ラジオ，新聞，雑誌といった媒体が主流であったが，近年はインターネット広告が主流に

なりつつある。その他の広告には，DM，新聞などの折り込みや中吊り広告，駅構内広告などの交通広告，各種の看板や大型ビジョンなどの屋外広告など，家庭以外の場所で展開するアウトオブホーム（Out Of Home）と呼ばれるものなど様々な広告がある。

　人的販売は，営業マンによる販売促進活動を指しており，他のプロモーション活動と比較すると双方向のコミュニケーションが可能であることが特徴であり，それ故に営業力の養成や活用が重要となる。

　パブリシティ（publicity）とは，報道機関に自社の企業活動や製品に関する情報を提供し，ニュース，記事，番組として取り上げてもらう方法である。広告とは異なり基本的には無料であることがメリットであるが，企業が発信した情報を記事やニュースとして取り上げるか否かは報道機関側にあるため客観性が高まるものの，企業側の意図するように取り上げられない場合もあることがデメリットといえよう。

　セールスプロモーションとは，狭義の販売促進活動であり，景品（プレミアム），サンプル，ノベルティ（記念品），展示会などがこれに相当する。

　近年ではSNSやブログなどを中心としたインターネット広告が主流になり，個客との双方型のコミュニケーションが主流となっている。企業側は，従来の一方通行型プロモーションによる商品情報の提供より，社会貢献などの企業の姿勢を訴求し共感を得て推奨してもらえるような双方向型のコミュニケーションが重要となっている。

【注記】

1)　バトラーのマーケティング論はプロクター・アンド・ギャンブルの経験が基礎となり，マーケティングメソッドという語句を使用して1911年から6冊の叢書が出版されたといわれている。

2)　近藤文男「生成期のマーケティング論（上）―R.S.バトラー理論の特徴―」『京都大学経済論叢』第139巻第4・5号，所収，1987年，1〜5頁。

3)　詳細についてはAMA（American Marketing Association）の下記HPを参照のこと（https://www.ama.org/the-definition-of-marketing-what-is-marketing/01）。

4) 高橋郁夫「マーケティング研究の今とこれから」,『日本商業学会58回全国大会報告要旨集（統一論題）流通・マーケティング研究の発展方向を探る』, 2008年, 11頁。

5) Philip Kotler, Hermawan Kartajaya, Iwan Setiawan *Marketing5.0 Technology ForHumanity*, John Wiley&Sons, Inc.,2021,pp.30-33
（コトラー（Kotler, P.)・カルタジャヤ（Kartajaya, H.)・セティアワン（Setiawan, I.)著, 恩蔵直人監訳『コトラーのマーケティング5.0-デジタル・テクノロジー時代の革新戦略』朝日新聞出版, 2022年, 61～67頁)。

6) マーケティング史学会（編),『マーケティング学説史』, 同文館出版, 2019年, 47～64頁。

7) フィリップ・コトラー&ゲーリー・アームストロング著, 和田充夫監訳『マーケティング原理（第9版)』ダイヤモンド社, 2015年, 288～337頁。

【主要参考文献】

コトラー（Kotler, P.)・カルタジャヤ（Kartajaya, H.)・セティアワン（Setiawan, I.)著, 恩蔵直人監訳『「コトラーのマーケティング4.0-デジタル・テクノロジー時代の革新戦略』朝日新聞出版, 2017年。

コトラー（Kotler, P.)・カルタジャヤ（Kartajaya, H.)・セティアワン（Setiawan, I.)著, 恩蔵直人監訳『「コトラーのマーケティング5.0-デジタル・テクノロジー時代の革新戦略』朝日新聞出版, 2022年。

マーケティング史学会（編),『マーケティング学説史』, 同文館出版, 2019年。

コトラー（Kotler, P.)&アームストロング（Armstrong, G.)著, 和田充夫監訳『マーケティング原理（第9版)』ダイヤモンド社, 2015年。

レビット（Levitt,T.)著, 土岐坤訳,『マーケティングの革新』, ダイヤモンド社, 2006年。

小川孔輔『マーケティング入門』, ニッポン経済新聞出版社, 2009年。

池尾恭一, 青木幸弘, 南知恵子, 井上哲浩,『マーケティング』, 有斐閣, 2010年。

有馬賢治, 岡本純『マーケティング・オン・ビジネス』新世社, 2021年。

岡本純・脇田弘久編『マーケティング論』, 五絃社, 2017年。

加藤勇夫・寶多國弘・尾碕眞編『現代のマーケティング論』ナカニシヤ出版、2006年。

Philip Kotler, Hermawan Kartajaya, Iwan Setiawan *Marketing4.0 Technology ForHumanity*, John Wiley&Sons, Inc.,2017.

Philip Kotler, Hermawan Kartajaya, Iwan Setiawan *Marketing5.0 Technology ForHumanity*, John Wiley&Sons, Inc.,2021.

第6章　小売マーケティング

　小売マーケティングは，小売業が標的とする顧客のニーズを満たすように，商品・サービスの提供・適切な価格設定・管理や販売促進などの統合的な小売マーケティング戦略を図り，持続的な競争優位を構築する活動である。

第1節　小売マーケティングの特質

　小売業は流通過程の段階で，消費者を対象に商品やサービスを提供する。そのため，消費者の購買行動に適合するように店頭のディスプレイ，カタログや電子商取引においてはウェブサイトなどをより良く組織化する。標的とする顧客のニーズに対応する商品の取り揃え（assortment）は最も重要であり，販売行為そのものが極めて即時的である[1]。店舗の立地や店頭のレイアウトを含む雰囲気も重要視される[2]。価格は競争上の大きな武器となり得るが，メーカーの価格や生産量の変動による影響は避けられず，また，顧客の需要の状況変化にも応じなければならない。このように，製造業のマーケティングとは異なる独特な性質を有する小売業のマーケティング計画や手段などの戦略について述べる。

第2節　市場細分化による市場標的の設定

　小売業がマーケティング戦略を策定する際，自らを取り巻く環境について分析を行う必要がある。すなわち，小売業を取り巻く環境要因は，人口統計的要因や文化・社会的要因，制度や技術，自然的要因などの小売業自らでは統制できないマクロ的要因と，競合や競争条件の変化，流通チャネルの参加者，対象

とする顧客など小売業に課業的に近接するミクロ的要因に大別される[3]。社会的・文化的環境を理解し，制度や新しい技術に対応しながら，経済や顧客のライフスタイル，流行など変化を続ける顧客のニーズに対応し，最大の利潤を得られるように努めなければならない。

　具体的には，小売業は店舗立地や商品の品揃え，価格設定，販売促進などについて，様々なマーケティング・ツールの中から適切な組み合わせを意思決定し，その効果を検証し，最適な小売マーケティング戦略を構築しなければならない。

　マーケティング・ツールについて計画する上で，小売業にとって自らの市場標的とする顧客層をどこに設定するかを見極め，その顧客層について分析し理解することが非常に需要である。レヴィ（Levy, M.）とウェイツ（Weitz, B.A.）は，小売業の市場細分化の基準として，①地理的変数，②人口統計的変数，③ライフスタイル変数，④購買状況変数，⑤便益変数をあげている[4]。業態により市場細分化の基準は異なり，特に顧客がどのようなライフスタイルの中でどのような購買行動をとるかを考える必要がある。想定される顧客プロフィールから具体的なマーケティング・ミックスが開発される。

第3節　小売マーケティング計画

　小売業者は，様々な環境要因を考慮し，設定した目的に合わせてマーケティング機会を分析し，それに沿った計画により小売マーケティング戦略が設けられる。

　すなわち，小売マーケティング計画は，以下の連続した7段階の過程を経る[5]。

　まず，①ミッションの定義として，小売業の目的と活動計画の範囲について表明する。次に②状況の確認，すなわち，小売環境における機会と脅威，競争業者に対する小売ビジネスの強みと弱みの分析を行う。③戦略の機会—小売の販売額を増大させるための機会—を明確化する。例えば，成長の機会として，

市場浸透，市場拡大，リテールフォーマットの開発，多角化の戦略の選択肢がある。④戦略の機会を評価し，持続的な競争優位を確立するための潜在的な可能性を決定する。⑤それぞれの機会に対して目的を特定化し，資源配分を決定する。⑥戦略を実行するための小売マーケティング・ミックスの開発，投資や成果のコントロール，評価するそれぞれの機会に対する小売マーケティング・ミックスの開発を行う。⑦成果の評価と調整として，目的を達成したと評価されれば変更されず，達成していない場合は戦略を見直し，修正される。

第4節　小売業におけるマーケティング・ミックスの概念

　上述のように，小売マーケティング・ミックスは，企業が標的市場においてマーケティング目的を達成する際の，マーケティング・ツールの組み合わせである。その概念や内容は論者によって差異があるが，マッカーシー（McCarthy, E.J.）によって提示された4P（Product（製品），Price（価格），Place（経路），Promotion（販売促進））に集約されることが多い。小売業におけるマーケティング・ミックスについて，ブームス（Booms, B.H.）とビトナー（Bitner, M.J.）により，マーケティング・ミックスを構成する4Pは，小売業やサービス業よりも，製造業に適した概念であり，これを小売業等に応用するには，あらたに3つの要素（3P；People（人材），Physical evidence（店舗），Process（サービスの提供過程））を加える必要があることが主張された[6]。

　すなわち，People（人材）は，人材採用や人材教育，動機付け，権限委譲等が重要な事項である。Physical evidence（店舗）には，店舗の内外装，規模，駐車場，フロア・レイアウト，照明，音（BGM），雰囲気，従業員のユニフォームなどが含まれる。また，Process（サービスの提供過程）は顧客にとっての一連の購買活動での体験であり，例えば小売業に買い物に行く顧客にとって対面販売かセルフサービスかによって体験が異なってくることがあげられる。このように，小売マーケティング・ミックスには，店舗の立地，品揃えの特徴，価格水準，販売方法（セルフサービス/対面販売），営業時間，店舗の内外装，販売

員の知識やパーソナリティ，販売促進の内容，顧客へのポイント特典や各種の
サービス（返品・交換，駐車場，配送，商品の修理など）等の店舗属性の組み合わ
せがある。

(1) 商品政策

　品揃えには，幅と奥行きがある。品揃えの幅とは，取り扱う商品系列（ライ
ン）の数であり，奥行きとは，商品系列（ライン）内で提供されるサイズ，色，
型，価格ならびに品質などの組み合わせで，それによって商品（アイテム）が
決まる。

　品揃えには，①広くて深い品揃え（例，百貨店や総合スーパー），②広くて浅い
品揃え（例，コンビニエンスストア），③狭くて深い品揃え（例，専門店），④狭く
て浅い品揃え（例，ディスカウントストア）のようなパターンがある。また，総
合スーパーにみられるような関連のない部門を付加していく過程は，スクラン
ブルド・マーチャンダイジングと呼ばれ，商品ライン（品揃え）の拡張が図ら
れる。

　品揃えをする際にマージン（粗利益）率が重要となる。マージンとは，売上
高から仕入原価を差し引いたものであり，マージン率とは売上高に対するマー
ジンの割合（マージン／売上高×100）である。商品によりマージン率が異なる
ため，利潤につながるように品揃えを計画しなければならない。

　また，販売目的による特性として，売れ筋商品，売り筋商品，見せ筋商品が
あり，品揃えを計画する際にそれらのバランスについても考える必要があ
る[7]。

　売れ筋商品は，品揃えラインの中で最もよく売れている商品，あるいは伸び
ている商品であり，消費者に人気のある商品である。売り筋商品は，店舗の商
品に対する主張や思い入れを商品化し仕入れたものであり，マージン率が高い
商品である。見せ筋商品は，販売数量は少なくても，店舗に欠くことができな
い商品であり，店格を高め，値頃の商品の売れ行きをよくしたりする効果があ
る。その時の話題商品，需要の先取り商品，他店との差別化商品等が該当する。

　小売業者は，品揃え計画の一部として，製造業者商標（ナショナル・ブランド，以下NB）と商業者商標（プライベート・ブランド，以下PB）の適切な組み合わせを選択する。すなわち，NBは，製造業者によって製造・コントロールされ，売場の中で支配的なブランドであり，他方，PBは，小売業者や卸売業者等の流通業者が自主企画をし，商標権を所有したうえで自社店舗を中心に販売する専用商品である。

　小売業者が積極的にPBを導入する理由として，小売業者間の競争において，PBが製品の差別化の有効な手段となりうること，広告のようなプロモーション費用がかからないため仕入れ価格を低く抑えることが可能になり利益確保につながることがあげられる。また，メーカーとの交渉補助の手段となりうることや競合店との値引き交渉を免れることも利点とされる[8]。

　一方，商品を生産するメーカー側にとってはPBの生産を受託することにより，①遊休設備を有効活用し収益を確保できること，②小売業者との関係改善を図ることができること，③受注生産のため売れ残りのリスクが軽減されることが利点となる[9]。

　PBの分類には，ジェネリックPB，模倣ブランド，価値創造型PB，プレミアムPBがある[10]。

　ジェネリックPBは，価格・品質がNBより劣るがパッケージや広告などにかかる費用を極限まで削減しNBとの価格差を強調するところが最大の特徴であり，ノンフリル（飾りのない）PBと呼ばれることもある。NBを模倣することにより品質の改良が図られたPBを模倣ブランドという。製品の品質に関してはNBと同等の水準を維持しつつ，低価格でNBとの差をつけるPBを価値創造型PBという。同じカテゴリーのNBよりも高い価格帯と優れた品質を訴えるPBをプレミアムPBと呼ぶ。

(2) 価格政策

　価格政策の決定については，ハイ＆ロー価格政策，EDLP価格政策，プライスライニング，ダイナミックプライシングの選択肢がある。

　ハイ＆ロー価格政策は，顧客の購買意欲を刺激するために，セール販売を実施する方法である[11]。ある一定期間に，セールの対象となるロスリーダーの商品を大幅に値下げし，一時的な値下げによって，顧客に刺激を与え，消費への誘因を図り，売上を伸ばすとともに，顧客に低価格のイメージを定着させることが可能となる。

　日本では多くのスーパーマーケットが，ハイ＆ロー価格政策を採用している。ロスリーダー商品によりまとめ買いや通常価格商品のついで買いを増やすことで，1回の買物でのトータルな売上増を期待する。低価格を広告するチラシにより他社を利用する顧客の立ち寄りも期待できる半面，店頭POP（point of purchase；購買時点での広告）の添付変更や大量陳列のスペース，在庫確保のための場所，さらに人手などのコストが必要となる。セール時期とそれ以外の時期で売り上げが安定しないこともデメリットとなる。また，欠品が生じると店舗への消費者の信頼を損ない，逆の場合には売れ残りが発生するリスクがある。このように，ハイ＆ロー価格政策を実施するためには，メーカーからの数量割引等有利な仕入れ条件を獲得する必要があり，正確な需要予測も重要となる。

　EDLP価格政策は，バリュー価格政策とも呼ばれ，変動のない安定した安い価格で商品を販売する。常に一定の低価格で販売されるので，顧客は必要な時に必要なだけ，安心して欲しい商品を購入することができる[12]。

　EDLP価格政策を採用する店舗側のメリットは，価格がいつも一定なので，売上が安定することや，店頭の需要予測がしやすく，過剰在庫や欠品を引き起こしにくいこと，余分なプロモーション費用の負担がなくなること等である。

　メーカーも消費者の需要が平準化されることで需要予測が可能となり，生産の効率化が図られる。流通の在庫管理およびハンドリング・コストの削減も可能となる[13]。

　EDLP価格政策を経営の根幹とするウォルマート（アメリカ）では，店舗での運営のコストを削減させるローコストオペレーションや，販売情報が共有されることにより仕入れ担当者に商品のレイアウトや価格の提案等を行うリテールリンクを前提として実践されている[14]。

　プライスライニングは，小売業者が意図的にいくつかの価格帯の商品をつく
り，価格帯により品質やグレードを示す方法である[15]。限定された価格のポイ
ントを設けることにより，消費者が商品を選ぶ際に比較し易くなる。また，流
通と在庫のコストを削減できることも利点にあげられる。高価格帯，中価格
帯，低価格帯の3つの価格帯が設定されると，消費者は中価格帯を選ぶ傾向に
あり，中価格帯の製品・サービスの利益率を高くすることで，より多くの利潤
を得ている企業もある。

　ダイナミックプライシングは，個別のプライシングと呼ばれ，顧客のタイプ
により，日，週，季節ごとに，需要のレベルにあわせ財やサービスに対して異
なった価格を調整するプロセスである。商品の売れ行きや需要の変化，競合他
社の商品のインターネット販売での価格の変動等を把握して，同一商品の販売
価格を極めて迅速かつ正確に変更するために，価格変更には電子棚札が利用さ
れる[16]。

　価格設定をする際に，顧客層が基準とする参照価格がどこにあるかが重要と
なる。プロスペクト理論では，人間が感じる価値は何らかの参照点を中心にそ
こからのゲイン（利得）とロス（損失）に対して非対称の反応をし，その反応
は参照点を挟んで，ゲインよりもロスへの反応が大きくなる傾向にあるとされ
る[17]。

　一方，参照価格とは消費者が価格を判断する際に基準となる価格であり，外
的参照価格と内的参照価格に分類される[18]。前者はプライス・カードなど消費
者が購買時に参照できる外的な指標であり，後者は過去の購買経験などから形
成される消費者の記憶内の基準価格である。特定のブランドの価格プロモー
ションに頻繁に接した消費者は，そのブランドの内的参照価格を低下させる。

　消費者の内的参照価格が一度低く形成されると，それよりも高い価格での販
売は大きなマイナス要因として知覚され，逆に，参照価格から同程度に低い価
格での販売に対するプラスの知覚はそれほど大きくない。したがって，低い参
照価格が形成されるとそれよりも高い価格での販売は消費者にとって魅力度が
非常に低くなるため，値引きによって効果を上げるためには参照価格を大きく

下回る価格設定が必要となる[19]。

　参照点は個人によって変動するが，一般的に，ブランド力の高い製品やサービスでは参照点が高く，ブランド力の低い製品やサービスでは，参照点が低くなる。このように，顧客のもつ参照点がどこにあるかを認識することは重要であり，いかに参照点を高く維持するかが課題となる[20]。新しい製品やサービスを市場に導入する際にも，価格設定において高い参照価格が実現できれば，有利に働くのである。

（3）立地政策

　小売業が出店場所を選定するには，出店する広域の地域を選ぶということと，その地域におけるある地点を選ぶという2つのことを意思決定しなければならない[21]。

　小売業が立地を選ぶ時には，その地点にある店舗に，顧客がどの程度来店するかをまず考える。さらに，ある店舗に来る可能性が高い顧客が居住する空間的範囲を商圏といい，商圏がどれほどの広さで，そこに何人の顧客がいて，どれほどの潜在的な商圏規模が見込めるかを推測することが重要になる[22]。

　出店場所の潜在的な売上高を評価する際に利用される評価手法の一つに，ハフモデルがある。このモデルは，1960年代に，アメリカの経済学者ディビッド・ハフ（Huff, D.）が作成したモデルで，ある店舗に消費者が買物に出かける確率を，他の店舗との競合状況を考慮しながら予測するものである。ある店舗を選択する確率は，店舗の売場面積（S_j）に比例し，そこまでの距離（T_{ij}）のλ乗に反比例する[23]。（図表6-1）

図表6-1　Huff モデル

$$P_{ij} = \frac{\dfrac{S_j}{T_{ij}^{\lambda}}}{\displaystyle\sum_{j=1}^{n} \dfrac{S_j}{T_{ij}^{\lambda}}}$$

S_j：店舗の売場面積
T_{ij}：地区 i から店舗 j までの距離
P_{ij}：地区 i に住む消費者が，店舗 j を選択する確率
λ：調査によって推定されるパラメーター
n：店舗数

出所：懸田豊・住谷宏『現代の小売流通（第2版）』中央経済社，2016年，165頁。

パラメーター（λ；距離の抵抗係数で商品により異なる。）は，遠くまで買物に行くことをどの程度面倒に感じるのかを数値で表したもので，できるだけ近くで購入したい食品や日用品等の最寄品は抵抗係数が大きくなり，品質や価格を検討して購入する家電や衣料品の買回品では，遠くまで出かけて探すこともあるため，抵抗係数λは小さくなる。したがって，このモデルでは，店舗の売場面積が大きいほど，また，顧客の移動距離が短いほど，顧客吸引力が大きくなることが推定される。

日本では，抵抗係数λを2として現状にアレンジする修正ハフモデルが採用されてきた。このモデルはショッピングモールのような大規模な小売店舗に適合し，すべての業態に適合するわけではなく，店舗の魅力度を評価要素に組み入れて顧客吸引度を推定するモデルも開発されている。

（4）販売促進と顧客維持のための政策

小売業の販売促進政策には，広告，パブリシティ，パブリックリレーションズがある。

広告は，「明示された広告主によるアイディア，財，サービスに関する非人的な提示とプロモーションであり，しかも有料形態をとるもの」と定義され[24]，その効果は，リーチ（特定の期間内に，特定の広告キャンペーンに接触する標的市場の人々の割合（パーセンテージ））とフリークエンシー（標的市場にいる人がメッセージに接触する回数・頻度）によって測られる。

パブリシティは，「マーケティングの特定の目的を達成するに金で買われるのではない記事スペースを確保する活動」であり[25]，一方，パブリックリレーションズは，「メディアとの好ましいリレーションシップや小売業の望ましいイメージを構築し維持するための様々な対象物に到達するためのコミュニケーションやリレーションシップを管理するためのコミュニケーションのツール[26]」である。

小売業者が消費者に対して働きかける販売促進活動には，値引きや特別陳列，チラシ，クーポンの配布，プレミアムがある。

　値引きは，ある商品に対して通常価格の値段を下げて商品を販売することで，消費者の購買意欲を喚起する手法であり，特別陳列は，店舗内の動線上で消費者の目に留まりやすいように，商品を陳列する手法である[27]。

　新聞の折り込みチラシのようなチラシ広告は，地域性の高いプロモーションである。

　クーポンはある商品に対して，一定の値引きを約束した証書であり，顧客が対象商品を購入する時にクーポンを提示すれば，その値引きのサービスを受けることができる[28]。

　プレミアムとは，購入，サンプリング，ティスティングのような行動のタイプに報いるバーゲン価格あるいは無料である品目を提供する。商品を購入した消費者に対して，（次回）無料あるいは一部の費用負担で提供される特典や，購入高が規定に達した際に粗品が提供される特典をさす。プレミアムによる販売促進活動は，消費者に対してさらなる消費を促し，ロイヤルティの向上という効果を含んでいる。

　小売業者にとって自らの顧客のニーズを把握することは重要であり，最も価値の高い顧客のロイヤルティを識別し，顧客との関係を構築する一連の活動を顧客リレーションシップ・マネジメント・プログラムという[29]。具体的には，①顧客の買物のデータを収集する。②顧客のデータを分析し標的とする顧客を識別する。③高頻度に来店する顧客に対してプログラムを通じて顧客リレーションシップ・マネジメント・プログラムを進展させる。④顧客リレーションシップ・マネジメント・プログラムを実行する。このような活動により，上位20％を占める上得意客（ベストカスタマー）を識別し，特典を与えるプログラムを，顧客リレーションシップ・マネジメントという[30]。

　優良顧客を識別するために，RFM（Recency；間近の購買日，Frequency；購入頻度，Monetary；購入金額）分析が用いられる[31]。顧客リレーションシップ・マネジメントを進展させるためには，高頻度の買物客のためのプログラム，特別な顧客サービス，個別対応，ブランドコミュニティを構築することが必要となる[32]。

【注記】

1) 三浦信編『小売マーケティングの展開』千倉書房，1976年，5頁。

2) レヴィらは，雰囲気について「視覚的なコミュニケーションを通じた環境のデザイン，顧客の知覚的，感情的対応を刺激し，最終的に顧客の購買行動に影響を及ぼす，色，音楽，香り」であるとしている。(Levy, M.and Weitz, B.A., *Retailing Management* 8th ed., McGraw-Hill Companies Inc., 2012, p.592.)

3) 高橋秀雄「小売企業のマーケティング戦略」『中京企業研究』41号，所収，2019年，19頁。

4) Levy, M. and Weitz, B.A., *op. cit.*, pp.98-102.

5) Levy, M. and Weitz, B.A., *op. cit.*, pp.130-137.

6) 佐々木保幸「小売マーケティング概念に関する一考察」『大阪商業大学論集』，第133号，所収，2004年，140-141頁。

7) 井上近子「売価政策に関する研究―価格と商品戦略との関係―」『経営経理研究』第119号，所収，2021年，81～82頁。

8) 住谷宏『流通論の基礎（第3版）』中央経済社，2019年，86～88頁。

9) 崔容薫・原頼利・東伸一『はじめての流通（新版）』有斐閣，2022年，111～112頁。

10) 崔容薫・原頼利・東伸一，同上書，108～109頁。

11) 小川孔輔『マーケティング入門』日本経済新聞出版社，2009年，415頁。

12) 小川孔輔，同上書，414頁。

13) 上田隆穂・守口剛編『価格・プロモーション戦略』有斐閣，2004年，203頁。

14) 清水信年・坂田隆文編『1からのリテール・マネジメント』中央経済社，2017年，158～162頁。

15) Levy, M. and B. A. Weitz, *op. cit.*, p.391.

16) 高橋秀雄，前掲論文，28頁。

17) 上田隆穂・守口剛編，前掲書，116～117頁。

18) 上田隆穂・守口剛編，同上書，117頁。

19) 上田隆穂・守口剛編，同上書，118頁。

20) 小川孔輔，前掲書，411頁。

21) 高嶋克義・高橋郁夫『小売経営論』有斐閣，2020年，139頁。

22) 高嶋克義・高橋郁夫，同上書，142頁。

23) 懸田豊・住谷宏『現代の小売流通（第2版）』中央経済社，2016年，164～165頁。

24) コトラー（Kotler, P.）・アームストロング（Armstrong, G.）著，恩蔵直人監修，月谷真

紀訳『コトラーのマーケティング入門』ピアソン・エデュケーション，1999年，481頁。

25）コトラー（Kotler, P.）著，村田昭治監修，和田充夫・上原征彦訳『マーケティング原理』ダイヤモンド社，1983年，66頁。

26）Levy, M. and Weitz, B.A., *op. cit.*, p.609.

27）小川孔輔，前掲書，498〜499頁。

28）和田充夫・恩蔵直人・三浦俊彦『マーケティング戦略［第6版］』有斐閣，2022年，244頁。

29）Levy, M. and Weitz, B.A., *op. cit.*, p.277.

30）Levy, M. and Weitz, B.A., *ibid.*, p.277.

31）Levy, M. and Weitz, B.A., *op. cit.*, pp.286-287.

32）Levy, M. and Weitz, B.A., *ibid.*, pp.288-291.

【主要参考文献】

井上近子「売価政策に関する研究―価格と商品戦略との関係―」『経営経理研究』第119号，所収，2021年。

上田隆穂・守口剛編『価格・プロモーション戦略』有斐閣，2004年。

小川孔輔『マーケティング入門』日本経済新聞出版社，2009年。

懸田豊・住谷宏『現代の小売流通（第2版）』中央経済社，2016年。

コトラー（Kotler, P.）・アームストロング（Armstrong, G.）著，恩蔵直人監修，月谷真紀訳『コトラーのマーケティング入門』ピアソン・エデュケーション，1999年。

コトラー（Kotler, P.）著，村田昭治監修，和田充夫・上原征彦訳『マーケティング原理』ダイヤモンド社，1983年。

佐々木保幸「小売マーケティング概念に関する一考察」『大阪商業大学論集』第133号，所収，2004年。

清水信年・坂田隆文編『1からのリテール・マネジメント』中央経済社，2017年。

住谷宏『流通論の基礎（第3版）』中央経済社，2019年。

高嶋克義・高橋郁夫『小売経営論』有斐閣，2020年。

高橋秀雄「小売企業のマーケティング戦略」『中京企業研究』41号，2019年。

崔容糞・原頼利・東伸一『はじめての流通（新版）』有斐閣，2022年。

三浦信編『小売マーケティングの展開』千倉書房，1976年。

Levy, M. and Weitz, B.A., *Retailing Management* 8th ed., McGraw-Hill Companies Inc., 2012.

和田充夫・恩蔵直人・三浦俊彦著『マーケティング戦略［第6版］』，有斐閣，2022年。

第7章　マーケティングリサーチ

第1節　マーケティングリサーチの現代的役割

(1) マーケティングにおける意思決定の重要性

　企業がマーケティングを展開するにおいて最も重要なことは，マーケティング目標に合致した最適な意思決定をすることにある。なぜなら，マーケティングは意思決定の連続だからである。

　マーケティングにおいて最適な意思決定とは「良い選択」である。つまり多くの選択肢のなかから，どれが良い選択肢であるかを判断することである。判断をするためには判断基準が必要である。よって，マーケティングを展開するには判断基準の設定作業も含めて，「良い選択」をするための有用な情報が必要不可欠である。したがって，マーケティングには有用な情報の収集・分析が必須条件となる [1]。

(2) マーケティング環境の変化

　現代はIT（information technology：情報技術）社会である。ITの進展によって消費者の購買行動も大きく変化している。さらにITがマーケティングに与えた最も大きな影響は，消費者や商品・サービスについての大量なデータの蓄積である。とりわけ，ID付きPOS（Point of Sales：販売時点）システムの普及によって，消費者一人ひとりの属性情報（性別，年齢，住所，婚姻状況，家族構成，学歴，年収など）が収集できるようになった。

　さらに，スマートフォンの普及によって個人への情報発信が可能となり，インターネット回線の高速化は高度なデータ分析を可能にした。いわゆるビッグ

データ（Big Data）と呼ばれる膨大な量のデータを瞬時に分析することが，マーケティング環境の変化に大きな影響を与えた。

　今日，企業活動におけるビッグデータの重要性と企業活動に与える影響の大きさについて，実務家や研究者らによって指摘されている。ドラッカー（Drucker, P.F.）は，「測定の対象にならないものはマネジメントできない」とも指摘している[2]。この指摘は，現代の企業経営における膨大なデジタル・データの重要性を示唆している。つまり，企業経営を進めていくなかで，従来とは比較にならないほどの多くの事柄を測定し，理解することが可能となり，その分析から得られた知見を企業経営につなげることができるためである。

　ビッグデータの定義は様々だが，鈴木良介（2011）は「事業に役立つ知見を導出するためのデータ」とし，ビッグデータビジネスについて，「ビッグデータを用いて社会・経済の問題解決や，業務の付加価値向上を行う，あるいは支援する事業」と定義している[3]。

　これまでのデータとビッグデータとの違いについての次の3点があげられる[4]。第1は量（Volume）である。これは従来の技術では処理が困難なほどのデータの膨大さを指している。第2に速さ（Velocity）である。これはほぼリアルタイムでデータが入手できることを意味している。第3に多様さ（Variety）である。これはソーシャルネットワークに掲載されたテキストデータや画像データ，あるいはGPSをはじめとしたセンサーなどで得られた多種多様なデータ形態を指している。

　とりわけ，ビッグデータの多様性ついては，情報技術の進展による情報取得方法の多様化と簡便化によるところが大きい。具体的には，ネット利用に関するありとあらゆるデータ（SNS上のテキストデータ，閲覧・購入履歴データ）など，ICカードによる公共交通機関の利用データ，GPSによる位置データ，医療機関の電子カルテデータ，各家庭のインフラ設備の利用データ，環境・気象データ，など多岐にわたる。

第2節　マーケティングリサーチの定義と分類

(1) マーケティングリサーチの定義

　米国マーケティング協会（American Marketing Association；AMA）はマーケ
ティングリサーチを次のように定義している。「マーケティングリサーチとは，
情報を介して消費者や顧客，公衆とマーケターを結びつける機能である。マー
ケティング機会や課題の特定及び定義，マーケティング活動の創造，洗練，お
よび評価，マーケティング成果のモニタリング，プロセスとしてのマーケティ
ングの理解改善に利用される。マーケティングリサーチはこれらの課題に取り
組むのに必要な情報の特定，情報収集方法，の設計，データ収集のプロセスの
管理と実施，結果の分析，調査結果とそれが意味する内容の伝達を行う」[5]。

(2) マーケティングリサーチの分類

　マーケティングリサーチは，マーケティングの課題を発見する，マーケティ
ングの課題を解決するという2つの理由で実施する。

　課題を発見するリサーチは，潜在的ではあるが確かにある課題，または将来
生じる可能性がある課題を特定するために行われる。例としては，市場占有
率，ブランドイメージ，販売分析，ビジネス・トレンドなどである。消費者行
動が変化する要因を分析するために，経済，社会，文化におけるトレンドを認
識することで，潜んでいる課題や機会をみつけることができる。

　次に，課題を解決するリサーチが行われる。これによって明らかになったこ
とが，特定のマーケティング課題を解決するための意思決定に利用される。例
としては，マーケティング・ミックス（製品・価格・流通・プロモーション）にか
かわる課題に取り組む[6]。

第3節 マーケティング分析の重要性

マーケティング分析とは，マーケティングにかかわる意思決定に必要な情報を生み出すプロセスである[7]。

マーケティング分析によって導かれたマーケティング情報は，マーケティングにかかわる意思決定に利用される。第1は経営環境の把握のための利用である。マーケティング分析によって得られたマーケティング情報から，外部環境の変化や市場動向，競合企業の動きなどを理解し，SWOT分析などの手法を使ってマーケティング上の機会，脅威，強み，弱みを識別する。具体的には，消費者の生活様式を理解するためのライフスタイル分析などである。

第2はマーケティング政策の策定のためである。マーケティング政策では，マーケット・セグメンテーション，ターゲティング，ポジショニング，そしてマーケティング・ミックスを決定する。

第3はマーケティング成果の観測である。実施されたマーケティング戦略がマーケティング目標に照らしてうまくいったかどうかを把握するために，マーケティング分析は利用される。例えば，総合的なマーケティング成果を把握するために顧客満足度調査を実施したり，広告の成果を把握するために広告効果調査などを実施したりする[8]。

第4節 マーケティングリサーチの設計

(1) マーケティング課題の発見と定義

マーケティングリサーチの出発点は，マーケティングの課題を発見し，定義することから始まる。

マーケティング課題を設定する場合，様々な事象から課題を抽出する必要がある。例えば，ファミリーレストランの顧客満足度について全て調査するというおおまかな設定をしてしまうと，膨大なデータが収集できるが，必ずしも現

在直面しているマーケティング課題の解決にはつながらない。一方，マーケティング課題をあまりにも狭く設定してしまう可能性もあるため，マーケティング課題の設定には注意が必要である[9]。

　マーケティング課題を定義する場合，課題となる要因を質問文あるいは仮説として表現することで，課題の内容をより明確にすることができる。

　マーケティングリサーチに関する質問文は，マーケティング課題をマーケティングリサーチャーがより的確に表現したものである。例えば，「店員の接客態度が向上することによって顧客満足度があがるか」さらに「クーポンを発行することによって来店を促すことができるか」などと表現できる。

　マーケティング課題を定義する目的は，マーケティングリサーチに関する質問文を明確に仮説として表現することである。仮説（hypothesis）とはマーケティングリサーチャーが関心を持つ要因や事象に関する，まだ証明されていない記述または命題である。質問文が疑問形で表現されているのに対して，仮説は断定的で，実験や観察にもとづいて検証できる[10]。例として，「来店客が店員の接客態度に対して好意的な態度を示せば，売り上げの向上につながる」という仮説として表現できる。マーケティングリサーチでは課題と仮説を同義に捉えるのではなく，違いを明確にすることが重要である。

　仮説ができた段階でマーケティングリサーチの目的を決める。マーケティングリサーチの目的とは，マーケティングリサーチを行って理由を明記し，具体的に計測できるように表現し，マーケティングリサーチが完了した時にどのような基準で結果を評価するのかについて定めることである。マーケティングリサーチの目的を表現するときは，仮説や質問文を使うと明確にすることができる。さらに，どのような情報が必要であるかも明確になる。

(2) リサーチ・デザイン

　マーケティング課題を定義して，マーケティングリサーチの目的が定まると，次の段階はどのようなリサーチ・デザインを選択するのかを決める。リサーチ・デザインは，説得力のあるデータ分析をするための技術である。これ

図表7-1　リサーチ・デザインのタイプ

リサーチ	探索的リサーチ	検証的リサーチ	
		記述的リサーチ	因果的リサーチ
目 的	仮説，アイデア，洞察の発見	何がどうなっているかをはっきりさせる	因果関係をはっきりさせる
課 題	仮説の発見，問題の特定	対象と特徴を抽出，対象のパターンを描き出す	原因と結果を結ぶメカニズムを動かす理論をつくる，原因と結果の間に関係がある証拠を出す
用 途	仮説がない，問題が不明確	仮説が明確	仮説が明確，因果関係を明確にするデータを入手
仮 説	なし	Aが増えたら，Bが増える。	Aが増えたら，Bが増える。なぜならCが機能するからである。
結 果	試験的，さらに探索的リサーチ，検証的リサーチを行う	検証的，調査結果は，意思決定のために利用される	

出所：恩藏直人・冨田健司『1からのマーケティング分析』碩学舎，2011年，27〜28頁，高田博和・
　　　上田隆穂・奥瀬喜之・内田学『マーケティンリサーチ入門』PHP研究所，2008年，47頁。

によって，なにを主張するために，どのようなデータを収集して，どのように
表示すれば良いのかを整理することができる。

　一般的にマーケティングリサーチは図表7-1のように「探索的リサーチ」，
「記述的リサーチ」「因果的リサーチ」の3つに大別される。記述的リサーチと
因果的リサーチを検証的リサーチとしてまとめる場合もある。

▪探索的リサーチ

　探索的リサーチとは，課題を探索し，仮説を導くためのリサーチである。例
えとして，最近ある食品スーパーの売り上げが落ちているが，なぜ売り上げが
落ちているのかわからない場合は，探索的リサーチを利用する。ここでは，例
えば「営業時間を延長したが，延長した時間の売り上げは増えていない」とい
う仮説を導くことが目的である。

▪検証的リサーチ

　検証的リサーチとは，仮説を検証し，課題の原因や最適な解決策を特定する

ためのリサーチである。主に，課題を検証するために標本調査を行う。調査
データを統計的に分析することで仮説の信頼性が明確になる。

■ 記述的リサーチ

記述的リサーチとは，市場の特性や機能を記述するリサーチである。つま
り，ある時点での市場の特徴を構造的に記述する。ある市場の思考や行動，製
品に対する知覚などについて，変数間の関係を明らかする。調査手法として
は，調査票調査，観察調査などが用いられる。

■ 因果的リサーチ

因果的リサーチとは，因果関係の証拠を得ることが目的の検証的リサーチで
ある。主に2つの変数間の因果関係を検証することである。具体的には次のよ
うな場面に有用である。①どの変数が原因（説明変数）で，どの変数がその結
果（従属変数）なのかを明らかにしたいときである。②2つの変数にみられる
因果関係の程度を把握したいときである。調査手法としては実験が用いられ，
実験室で行われる実験室実験，小売店舗などを借りて行われるフィールド実験
がある[11]。

第5節　マーケティングリサーチデータの分類と収集

(1) データの分類

企業がマーケティングリサーチを実施し，入手したデータがマーケティング
活動を実施するにあたって，有用な情報として活用するためには，どのような
データを入手すべきかを検討する。言い換えれば，入手しようとするデータの
種類を把握する必要がある。

マーケティング活動に必要なデータは，そのデータの入手先の違いによって
以下の2種類のデータに大別される[12]。①1次データ（primary data）とは，調
査担当者が当面する特定の課題を直接的に解決する目的で，各種の調査によっ
て収集するデータである。②2次データ（secondary data）とは，自社内部に蓄
積されたデータ，政府刊行物，研究機関のレポート・学術ジャーナル誌の論文

などの当面する特定の目的以外の目的で収集され，あるいはすでに加工されており利用可能なデータである。

(2) サンプリング

　マーケティングリサーチでは，調査対象とする集団の特性を把握することが必要である。その際，対象とする集団が共通の特徴を持っている主体の集まりであることを前提としており，この集団を母集団と呼ぶ。母集団を構成するすべてを調査することを全数調査（悉皆調査）と呼ぶ。主に国が主体となって調査を実施する。日本国内では国勢調査と呼ばれる全数調査が行われる。しかし，費用と手間を考えると，企業が実施することはほぼ不可能である。

　これに対して，標本調査（サンプリング調査）は母集団のサイズが大きく全数調査にかかる費用や時間が大きくなる場合には有用である。標本調査は，母集団全体をくまなく測定することによって母集団を知るかわりに，それよりも小さい標本を測定して母集団を推測する。標本とは，母集団を構成する調査単位の部分集合のことである。標本サイズが大きくなればなるほど母集団に近づくが費用と時間を考慮する必要がある。

(3) 調査手法の分類

　マーケティングリサーチを実施する際に，データを収集する方法として，定量調査と定性調査に大別される。定量調査は，調査結果を比率（%）や平均値などで数値化する調査である。収集したデータを量的に分析し，特定の調査結果が全体の中で，どういう大きさや位置にあるのかを明らかにするために用いられる調査手法である。

　定量調査はサーベイ法と観察法に分類できる。サーベイ法は調査票を用いた調査である。サーベイ法は，結論を数値の大小で判断するとき，母集団の構造を数値化するとき，時系列分析をするとき，キャンペーン活動などの成果をモニタリングするとき，新製品・新サービスの受容度を判断するときなどに用いられる。

近年ではインターネット調査が主流となっている。インターネット調査のメリットは次の通りである。①データの収集スピードが速い，②サンプルあたりのコストが安い，③データのリアルタイム分析ができる，④回答の理論的矛盾に対処できる，⑤画像，映像を使った調査が行える。

観察法は，現在進行中の人々の行動や事物の現象を記録する。観察法が使用される場面として，店や施設の出入客数，店内の顧客の客動線，人や車などの通行量，接客要員の接客態度などがあげられる。

定性調査とは，調査結果を言葉で表現する調査である。収集したデータを質的に分析し，そういう大きさや位置がなぜ生じているのか明らかにする場合に有用である。定性調査の手法としては次があげられる。①フォーカス・グループ・インタビュー（Focus Group Interview）5〜8名ほどの調査対象者に特定のテーマについて，2時間ほど司会者の指示で話し合ってもらい，多様な発言の収集と分析を目的とする。②ディティルド・インタビュー（Detailed Interview）面接者が調査対象者に一対一で面接し，個人ごとにテーマに関する詳細な発言を収集・分析することを目的とする。

【注記】

1) 大脇錠一「情報と意思決定」大脇錠一・城田吉孝・河邊匡一郎・玉木徹志編『新マーケティング情報論』所収，ナカニシヤ出版，2003年，5頁。

2) Drucker, Peter F, "The Effective Decision", *Harvard Business Review*, Jan/Feb, 1967, Vol.45, pp.87-91，ドラッカー（Drucker, P.F.）「効果的な意思決定」，ハーバード・ビジネス・レビュー編，DIAMONDハーバード・ビジネス・レビュー編集部訳『意思決定の思考技術』ダイヤモンド社，2001年，15〜39頁。

3) 鈴木良介「ビッグデータビジネスの時代」翔泳社，2011年，43頁。

4) McKinsey & Company, McKinsey Global Institute *"Big data: The next frontier for innovation, competition, and productivity"*, 2011, p.45-46.

5) Peter D. Bennett, *Dictionary of Marketing Terms*, NTC Business Books, 1996, pp.169-170.

6) マルホトラ（Malhotra, N.K.）著，日本マーケティング・リサーチ協会監修，小林和夫監訳『マーケティング・リサーチの理論と実践―理論編―』同友館，2006年，

　　12頁。
7)　恩藏直人・冨田健司『1からのマーケティング分析』碩学舎，2011年，8〜10頁。
8)　高田博和・上田隆穂・奥瀬喜之・内田学『マーケティンリサーチ入門』PHP研究所，
　　2008年，46〜49頁。
9)　マルホトラ（Malhotra, N.K.）著，日本マーケティング・リサーチ協会監修，小林
　　和夫監訳，前掲書，2006年，72頁。
10)　高田博和・上田隆穂・奥瀬喜之・内田学，前掲書，2008年，32〜34頁。
11)　高田博和・上田隆穂・奥瀬喜之・内田学，同上書，2008年，50〜53頁。
12)　上笹恒「データの種類と収集法」，林英夫・上笠恒・種子田實・加藤五郎編『体系
　　マーケティングリサーチ事典』日本統計調査株式会社，1993年，150頁。

【主要参考文献】

上笹恒「データの種類と収集法」，林英夫・上笠恒・種子田實・加藤五郎編『体系マー
　　ケティングリサーチ事典』日本統計調査株式会社，1993年。
大脇錠一「情報と意思決定」大脇錠一・城田吉孝・河邊匡一郎・玉木徹志編『新マーケ
　　ティング情報論』所収，ナカニシヤ出版，2003年，5頁。
恩藏直人・冨田健司『1からのマーケティング分析』碩学舎，2011年。
鈴木良介「ビッグデータビジネスの時代」翔泳社，2011年。
高田博和・上田隆穂・奥瀬喜之・内田学『マーケティンリサーチ入門』PHP研究所，
　　2008年。
マルホトラ（Malhotra, N.K.）著，日本マーケティング・リサーチ協会監修，小林和夫
　　監訳『マーケティング・リサーチの理論と実践―理論編―』同友館，2006年。
Drucker, Peter F, "The Effective Decision", *Harvard Business Review*, Jan/Feb,
　　1967, Vol.45, ドラッカー（Drucker, P.F.）「効果的な意思決定」，ハーバード・ビジ
　　ネス・レビュー編，DIAMONDハーバード・ビジネス・レビュー編集部訳『意思決
　　定の思考技術』ダイヤモンド社，2001年。
McKinsey & Company, McKinsey Global Institute *"Big data: The next frontier for
　　innovation, competition, and productivity"*, 2011.
Peter D. Bennett, *Dictionary of Marketing Terms*, NTC Business Books, 1996.

第8章　経済学・経済政策

第1節　消費者行動と生産者行動

(1) 効用関数と無差別曲線

　(1) と (2) で消費者行動についてみていく。まずは，消費者が消費行動を
おこなう前提となる効用について考える。効用とは，財を消費することによっ
て得られる満足度である。ある財の消費を1単位増加させたことにより得られ
る効用の大きさを限界効用という。通常，消費が増加するにしたがって，限界
効用は小さくなっていく。このことを限界効用逓減の法則という。

　無差別曲線とは，効用水準の等しい消費量の組み合わせを結んだ曲線とな
る。無差別曲線には以下のような4つの特徴がある。①無差別曲線は無数に存
在する，②無差別曲線は右下がりである，③無差別曲線は互いに交わることは
ない，④原点から遠い無差別曲線ほど効用が高くなる。

(2) 予算制約線と最適消費点

　ここでは，消費者が使える予算について考える。全ての予算を使い切った場
合に消費できる2財（X財，Y財）の消費量の組み合わせを予算制約線という。
無差別曲線と予算制約線が接する点が最適消費点であり，予算制約の中で最も
効用が高くなる組み合わせである。X財の価格が上昇する場合，予算制約線の
傾きは急になり，X軸切片の値は小さくなる（図表8-1）。また，予算が増減す
ると，予算制約線は平行にシフトする。予算制約線がシフトすると，接する無
差別曲線が変わるため，最適消費点も変化する（図表8-2）。

図表8-1　財の価格変化

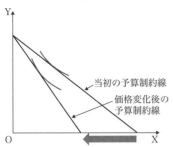

図表8-2　予算制約線の変化

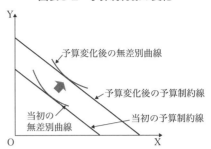

(3) 生産者行動と費用曲線

　(3) と (4) では生産者行動についてみていく。生産者が生産に要した総費用 (TC) は，固定費用 (FC) と可変費用 (VC) に分けることができる。固定費用は，工場の賃貸料や光熱費の基本料金などのように毎月固定的に発生する費用である。可変費用は，材料費のように生産量に応じて増加する費用である。

　総費用 (TC) を生産量で割った生産物1単位当たりの費用を平均費用 (AC) という。可変費用 (VC) を生産量で割った生産物1単位当たりの費用を平均可変費用 (AVC) という。生産量を1単位増加させたときに追加で発生する費用を限界費用 (MC) という。

(4) 利潤最大化と損益分岐点，操業停止点

図表8-3　損益分岐点と操業停止点

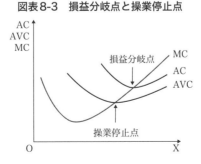

　完全競争市場において，生産者は小さな存在であるため，自らの行動が市場価格に影響を与えることはなく，市場で決まる価格を受け入れる存在（完全競争企業）となる。このような存在をプライステイカー（価格受容者）という。

　完全競争企業の利潤最大化の条件は，価格と限界費用（MC）が等しくなる点である。限界費用（MC）と平均費用（AC）の最小点が交わる点を損益分岐点といい，利潤がゼロに等しくなる点である。また，限界費用（MC）と平均可変費用（AVC）の最小点が交わる点を操業停止点といい，操業を停止した方が利潤が大きくなる点である（図表8-3）。

第2節　完全競争市場の均衡

（1）完全競争市場と市場均衡

　完全競争市場における消費者行動と生産者行動を1つの図にまとめてみる。縦軸に価格，横軸に数量をとると，消費者は市場に出回っている財が少ないのであれば高くても欲しいと考えるため，需要曲線は右下がりとなる。一方，価格が高ければ生産者の生産意欲が高まり，もっと生産しようと考えるため，供給曲線は右上がりとなる。そして，需要曲線と供給曲線が交わる点で価格が均衡する。この交点を均衡点といい，その時の価格を均衡価格という。

　市場が均衡状態からはずれたときに，均衡状態に戻っていくことを市場が安定的であるといい，反対に均衡状態からどんどんかけ離れていくことを市場が不安定であるという。このように均衡状態に近づく方向に変化したり，均衡から離れる方向に変化したりする過程を調整過程という。

（2）余剰分析

　消費者が節約することができた利益を消費者余剰といい，供給者が得ることができた利益を生産者余剰という。消費者余剰と生産者余剰を足したものが社会全体の利益となり，これを社会的余剰という（図表8-4）。

　では，ここに政府が市場に介入する場合を検討する。例えば，生産物1単位

図表8-4　消費者余剰と生産者余剰

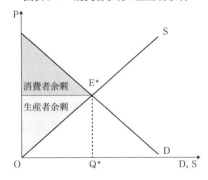

図表8-5　課税による死荷重

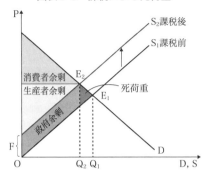

当たりF円の従量税が課されたとすると，政府の利益（政府余剰）が発生することにより，消費者余剰や生産者余剰が減少するほか，課税により失われる余剰が発生する。この失われた余剰を死荷重という（図表8-5）。

第3節　国内総生産と物価

(1) 国内総生産

　経済活動の規模を表す代表的な指標として，国内総生産（GDP：Gross Domestic Product）がある。国内総生産（GDP）は，一定期間内に国内で生産された付加価値の合計である。付加価値とは，生産活動やサービスの提供を通じて生み出された価値の合計であり，生産額から中間投入額を減じたものである。

　国内総生産（GDP）の計算方法には以下の3通りある。

生産面：GDP＝生産額−中間投入額

分配面：GDP＝雇用者報酬＋営業余剰＋固定資本減耗＋間接税−補助金

支出面：GDP＝消費＋投資＋政府支出＋輸出−輸入

　国内総生産（GDP）は統計上，どの式を使っても等しくなる。これを三面等価の原則という。GDPを計算する上で注意しなければならないことは，株や土地などの値上がりで儲けた所得や中古品市場における取引は計算に含まれ

ない点である。一方で，持ち家に住んでる人の家賃や農家の自家消費，公共サービスなどは，市場における価格がなくても実際に市場取引がおこなわれたとみなして計上する。

(2) 物価指数

　物価とは，商品やサービスの価格の平均値である。ただし，具体的な金額で表すのではなく，ある基準の年の物価を100として，その基準に対して95や110であると表示する。このように物価は指数表示されるため，物価指数といわれる。

　物価指数の計算には2通りの方法がある。ラスパイレス指数では，基準年の数量をベースにして物価を計算する方法である。パーシェ指数では，比較年の数量をベースにして物価を計算する方法である。ラスパイレス指数で計算される代表的な指数に消費者物価指数があり，パーシェ指数で計算される代表的な指数にGDPデフレータがある。

第4節　財市場と貨幣市場

(1) ケインズ型消費関数

　(1)，(2) 及び (3) で財市場における重要な論点を確認する。財市場における前提として，ケインズ型消費関数を考える。ケインズ型消費関数では，所得の増加に伴い消費も増加するが，仮に所得がゼロでも最低限の消費（基礎消費）があると仮定する。単純化するために租税を考慮しないケースを数式で表現すると，以下のようになる。

$$C = cY + C_0 \qquad (0 < c < 1 \text{かつ} C_0 > 0)$$
$$\langle C：消費量 \quad Y：国民所得 \quad c：限界消費性向 \quad C_0：基礎消費 \rangle$$

　国民所得 (Y) が1単位追加した場合の消費量の増加分を限界消費性向 (c) という。

(2) 45度線分析

財の需要量（Y^d）は，ケインズ型消費関数を前提に考えると右上がりの直線となる。さらに，企業の生産活動に必要となる設備投資や在庫投資などの投資（I）と政府による支出（G）を加えると，以下のようになる。

$$Y^d = C + I + G$$

財の供給量（Y^s）は企業が生産する供給量の合計となる。財の供給量（Y^s）は国民所得（Y）と等しくなるため，原点から伸びる傾き45度の直線として描くことができる。需要量（Y^d）と供給量（Y^s）が等しくなる国民所得を均衡国民所得（$Y^※$）という（図表8-6）。

図表8-6 45度線分析

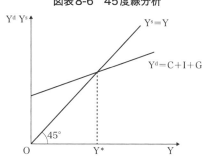

(3) 乗数効果

投資（I）や政府支出（G）が増加すると，国民所得（Y）はどれだけ増加するのか。実際の投資等の増加額以上に国民所得（Y）が増加するような効果を乗数効果という。簡単な数式で確認する。

財の供給量：$Y^s = Y$

財の需要量：$Y^d = C + I + G$

Cに$cY + C_0$を代入すると $Y^d = cY + C_0 + I + G$

$Y^s = Y^d$となる式をつくり，Y＝の形に整理すると

$$Y = cY + C_0 + I + G$$

$$Y - cY = C_0 + I + G$$

$$(1 - c)\, Y = C_0 + I + G$$

$$Y = \frac{1}{1-c} C_0 + \frac{1}{1-c} I + \frac{1}{1-c} G$$

上記の式より，投資（I）や政府支出（G）が1単位増加するとそれぞれ$\frac{1}{1-c}$倍だけ国民所得（Y）が増加することがわかる。これが投資（I）や政府支出（G）の乗数となる。

(4) 信用創造

(4) 及び (5) で貨幣市場における重要な論点を確認する。貨幣市場において重要な役割を果たすのが銀行である。まずは銀行の役割をみてみる。市中銀行は預かった預金の一部を中央銀行に預けなくてはならない。中央銀行に預けた預金を準備預金といい，顧客から預かった預金と中央銀行に預けた預金の比率を準備率という。

中央銀行が供給する貨幣は市中銀行に渡り，一般企業や国民へと貸し出される。その一方，一般企業や国民から市中銀行に対する預け入れもおこなわれる。すると市中銀行は，一部を準備預金として中央銀行に預け，残りは再び一般企業や国民への貸し出しに回される。このように中央銀行から供給された貨幣が，何倍もの貨幣量となる仕組みを信用創造という。

中央銀行が直接供給している貨幣量と準備預金の合計をハイパワード・マネーといい，実際に流通している現金及び市中銀行に預けられている預金の合計をマネーサプライという。

(5) 貨幣需要と貨幣供給

ケインズ（Keynes, J.M. 1883-1946）は，貨幣に対する需要を3つの動機に分類している。①財を買うために貨幣を持ちたいという需要が取引的動機，②現在使う予定はないものの，とりあえず貨幣を保有しようとする需要が予備的動

機，③債権などの金融資産の保有に対する需要が投機的動機である。

　取引的動機や予備的動機のように取引が増えると貨幣需要が増えるものを取引需要（L_1）という。一方，投機的需要のように債権などを資産として保有するための貨幣需要を資産需要（L_2）という。

　貨幣市場では利子率が低くなると，債券価格が上昇し，資産需要（L_2）が増加するため資産需要曲線は利子率の減少関数となる。ただし，利子率が十分低く，もうこれ以上利子率は下がらないと誰もが考えると，利子率は変化せずに資産需要（L_2）だけが無限大となる。このような状況を流動性の罠という。

第5節　IS-LM分析

(1) IS曲線とLM曲線

　財市場が均衡するような国民所得（Y）と利子率（r）の組み合わせを描いた曲線をIS曲線という。利子率（r）が低下すると投資（I）が増加し，国民所得（Y）が増加することで財市場が均衡する。したがって，IS曲線は右下がりの曲線となる。

　貨幣市場が均衡するような国民所得（Y）と利子率（r）の組み合わせを描いた曲線をLM曲線という。国民所得（Y）が増加すると取引需要（L_1）が増加するが，利子率（r）の上昇に伴い資産需要（L_2）が減少するため，貨幣市場は再び均衡する。したがって，LM曲線は右上がりの曲線となる。

(2) 財政政策と金融政策の効果

　IS曲線とLM曲線の交点は，財市場と貨幣市場の両市場が同時均衡する点である。現在，両市場が均衡している状況（点E）において，財政政策と金融政策を実施した場合の効果をそれぞれ考えてみる。

　財政政策を実施した場合，例えば，政府支出（G）を増加させると，財の需要が増加するため国民所得が増加する（点Eから点E_1へ移動）。ただし，国民所得が増加すると利子率も増加してしまう。すると，利子率が増加した分だけ投

資が減少し，その分，国民所得も減少してしまう（点E_1から点E_2へ移動）。このように財政政策により利子率が上昇し，投資が減少するメカニズムをクラウディングアウトという（図表8-7）。

　一方，金融政策を実施した場合，例えば，貨幣供給量を増加させると，利子率が低下するため，投資が増加して国民所得も増加する（図表8-8）。

図表8-7　財政政策を実施した場合

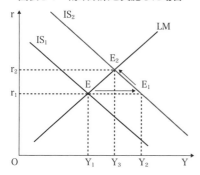

図表8-8　金融政策を実施した場合

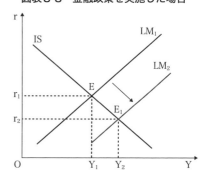

（3）流動性の罠のケース

　流動性の罠のケースにおいては，財政政策を実施してIS曲線が右にシフトしても，利子率が上昇しないためクラウディングアウトは生じず，効果は極めて有効である（図表8-9）。一方，金融政策によってLM曲線が右にシフトしても，利子率も国民所得も変わらず交点Eのままである。つまり，流動性の罠のケースでは金融政策の効果は無効となる（図表8-10）。

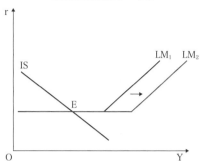

図表8-9　財政政策を実施した場合
（流動性の罠のケース）

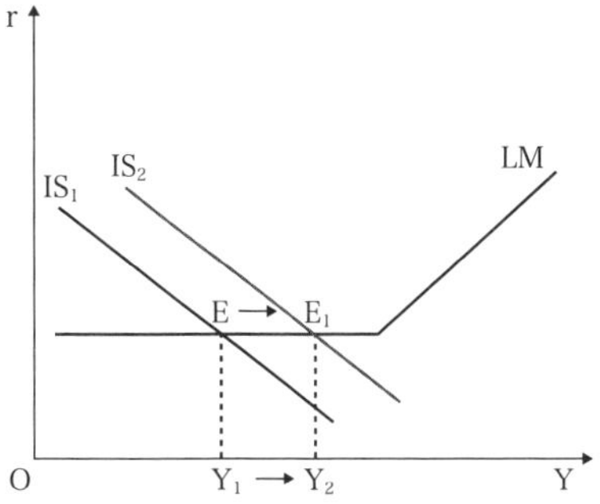

図表8-10　金融政策を実施した場合
（流動性の罠のケース）

【主要参考文献・主要参考資料】

石川秀樹『試験攻略入門塾　速習！ミクロ経済学2nd edition』中央経済社，2019年。

川野祐司『これさえ読めばサクッとわかる経済学の教科書』ディスカバー・トゥエン
　　ティワン，2022年。

西村和雄『ミクロ経済学　第3版　現代経済学入門』岩波書店，2011年。

吉川洋『マクロ経済学　第3版　現代経済学入門』岩波書店，2009年。

TAC株式会社『中小企業診断士2023年版　最速合格のための要点整理ポケットブック
　　第1次試験1日目』TAC出版事業部，2023年。

第9章　日常と社会における数理の あり方と用い方

第1節　数字による表現について

(1) こどもと大人の違い　～あたりまえを疑う～

　私たちは今，あたりまえのように日々数字を用いた情報をやりとりしたり，データの把握や作成をしたりしている。この章は第9章であるが，第8章まで経営とマーケティングの話題が主にあり，以降の第10章から，データサイエンスやAI，データ分析の手法などのテーマが出てくる…，というように自然に数字を用いた表現をする。このあたりまえの順を表している，…8，9，10，…という記数法は初等教育において学び，現在は世界の多くで共通して利用されているものであるが，誰しも就学前の時分や，今隆盛であるAIがその概念を理解しているかというと，特にこの位取りをする記数法においては，その習得に「あたりまえ」ではないステップがあることがわかる。ある小学校現場の先生は，こどもたちの学ぶ姿から，この位取りの「10」は，考えを左脳から右脳に切り変えるタイミングではないかと言われていた。関連して，あるこどもが，この数字に代わり，次の「数字」を作ったという話がある[1]。

　現在の算用数字の10進法を感じさせ，また分かりやすく5ずつでまとめる

図表9-1　こどもの数

| 1 | 2 | 3 | 5 | 16 | 24 | 86 | 100 | |

5-2進法と呼ばれる数のまとまりがある[2]。特に50のまとまりや，100の表現など秀逸である。これで「366」など，すぐに表現ができる（図表9-1右端）。

　また，就学前のこどもの数の表現においては，3つのものを「333」と表現するなどの例もある[3]。これらは数の表現の未熟な段階と解してしまうことより，その概念の量感そのものが表象されているものであると捉えることができる。

(2) 昔と今の違い　〜あたりまえの視座を変える〜

　前項の例の「こどもの数」には，面白さや可愛さがあるといえる。しかし，私たちが日常社会で利用するとなると，不便も出てきて，面倒くささも感じることになるが，古代の象形文字（ヒエログリフ）においては，日常の数字の表現は量の概念が形となっているものであった（図表9-2）。この数字で日常の暮らしを幾世紀もおこなっていたという視座に立って考えると，当時において，便利な場面や感覚も感じられることがある[4]。

　これら古代の数やこどもの数と今の算用数字とを，それぞれの利点と難点により比較してみると，次の図表9-3のような整理をすることができる[5]。

図表9-2　ヒエログリフ

| 1 | 2 | 3 | 5 | 6 | 10 | 20 | 30 | 100 | 200 |

図表9-3　数字を比べる

	メリット―利点―	デメリット―難点―
古代ヒエログリフ（こどもの数）	II	I
現代算用数字	III	IV

(3) 人間とそれ以外の違い　〜あたりまえを大切に活かす〜

　数字や数詞を用いることは，人間ならではと考えられるが，動物でも例えば

カラスなどは，5個くらいまでは何らかの把握により区別していることが知られている[6]。しかし10近くの数となると，その正確な把握ができなくなる。また，生成AIにおいては，数をいくらでも把握しているようであるが，「999」を「きゅうひゃく　きゅうじゅう　きゅう」と呼ぶときの間の取り方により，数が異なること[7]の意味や誤る理由をAI自体は理解をしていない状態であろう。すなわち，位取りの原理による数の表現を利用することには，人間ならではの発想があり，それはイノベーションであったといえる。

　その際には，図表9-4のように，過去や原理の概念の表記のメリットを活かすことが大切となり要となっていることが考えられる。

　時代の流れは，Ⅰ⇒Ⅲ（実線）という形勢である。そのため，教育や環境などにより，いわば副産物として，Ⅳ⇒Ⅲ（点線）に社会としてコストをかけることとなる。その際，それを社会のあたりまえの事柄として覚えるだけではなく，Ⅳ⇒Ⅱ⇒Ⅲ（二重線）という経路を辿ることにより，すなわち，古代の産物やこどもの数の豊かな発想を活かし，Ⅲに繋げられる理解が大切なこととなる[8]。

　この比較は，他に例えば，オートマの車（AT）とマニュアルチェンジ（MT）との比較や，スマートフォン（スマホ）と携帯（ガラケー）あるいは家や会社の電話とでも，対照的におこなってみることができる[9]。

図表9-4　数字を比べることより

	メリットー利点ー	デメリットー難点ー
ヒエログリフ（こどもの数）	Ⅱ	Ⅰ
算用数字	Ⅲ	Ⅳ

図表9-5　車や携帯を比べる

	メリット	デメリット
MT	❷	❶
AT	❸	❹

	メリット	デメリット
携帯	②	①
スマホ	③	④

第2節　数量の構造と分類の関係

(1) 連続と離散について　〜なんとなくを疑う〜

　昨今において，Society5.0 や Marketing5.0 という表現を目にする。巷でも，ある強炭酸の飲み物に GasVolume5.0 というものもあった。ではさて，「5.0」という数は，小数なのであろうか，整数なのであろうか。この問いも，前節のように対置して考えると，なんとなくイメージで「5」より「5.0」としている訳ではないことが分かる。例えば，背番号であったとしたら，特別に「05」はあり得るかも知れないが，「5.0」とは普通ならないであろう。それは，背番号を付ける個体は離散的な量であり，5人や5着，あるいは5番目と同様な表現であるからといえる。このような離散量に対する数字として，私たちは日常では自然数（あるいは整数）を用いる。それに対して，実際の GasVolume とは，飲料に溶け込んだ炭酸ガスの量を表しており，液体に対する炭酸ガスの比率を値とする連続量である[10]。そのように，Society や Marketing も，実際に更新されるタイミングは離散的で Ver.5 という意味合いであっても，時代とともに絶え間ないマイナーチェンジが連続的に図られている背景を表すことができる。

　このように，連続と離散を対比するにあたり，例えば，人の年齢を取りあげてみる。年齢とは満年齢として，それぞれの個体が出生から経過した年数であり，離散量で表現される。ここで，5歳を5.0歳と表現してみると，まさに，ちょうど誕生日の（さらに生まれた時刻）であるような表現となる。日常では，例えば，1歳3か月や，0歳児では何か月，という表現を多用する。すなわち，年齢とは，実際には時間という連続量を「離散化」して日常のデータとしている。一方で，その離散データである様々な年齢のひとがいる集団がある場合，その集団の特性として，年齢の平均や分散を用いる際には，その値はまた連続量となる。この場合のちょうど5はやはり「5.0」が適している。

　このように，出生からの経過時間という連続データは，正確に各々の値を連

続量で示すことよりは，特に先ほどの0歳児の際とは別に，日常において集団の傾向や位置づけを示す際，まず離散化がなされて，さらに年齢としての離散データを場合により，…20代，30代，40代…のように，年代別に分けた表現がよくなされている[11]。

また，連続と離散との関連としては，次のような例を考えることができる。

例えば，あるテーマについて考察をして調査研究をおこない，それをプレゼンにより発表して報告するという課題に対する評価をおこなうとする[12]。

まず，その課題に対する研究内容（以下，「内容」）の得点をx（100点満点），プレゼン発表による報告（以下，「発表」）の得点をy（100点満点）とする。

方法1として，それぞれの得点を50％にして，総合計の得点$0.5x + 0.5y$の値（100点満点）で評価することが考えられる。次に方法2として，発表より内容を重視しようというコンセンサスがある場合に，内容の得点を70％，発表を30％として，$0.7x + 0.3y$の値（100点満点）で評価する等の重み付けが考えられる。これらの重み付けはいわば連続化となる。そして方法3としては，内容と発表の得点にそれぞれの要請に応じて幅を付けておき，評価する範囲をおおまかに離散化（グループ化）していき，そのグループに優先順位を決めて，各々のグループ内でさらに評価することもできる[13]。これらの，方法1〜方法3の評価の違いについて，図にして表現すると次の図表9-6のようになる。それぞれの得点分布に対して，図に示された斜めの二重線のラインを平行に下ろしていき，上にある側から順に評価をする方法となる。

図表9-6　評価の方法

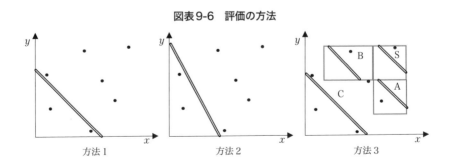

方法1　　　　　　　　　方法2　　　　　　　　　方法3

このような図を用いることで，方法の違いで順位が変わることの意味も分かり，また分布の状態や必要に応じた評価を考えることができる。

(2) 内包量と外延量　～なんとなくを知る～

前項では，日常における離散量と連続量に併せて，集団や社会におけるデータについて離散化や連続化を用いた表現や手法がある例を述べた。その際，連続化とした平均を用いる場合があり，また離散化として，グループに分類すること等があった。それらは，集団となるある集合の特性を示すことになり，例えば年齢に幅をもち離散化されたデータは，そのクラスにおける度合を示すことに意味がある。また，そのクラス分けが時代（90年代，2000年代，2010年代…など）に対応している場合は，データの変化率を表すことになる。

このような，連続化また離散化されたデータにおいて，割合や変化などの，濃さや密度，速度といった性質として内包された量は「内包量」と言われ，自然に拡張される長さや時間，かさや重さ等は「外延量」と言われる（図表9-7）。

さらに内包量には，同じ種類の外延量の商で示される割合（「率」）と，異なる種類の外延量の商で示されるいわば度合（「度」）とがある[14]。パーセント「%」やパーミル「‰」とは，「率」による値に付ける表現である。図表9-7では，これらの分類と，事象の確率や集合に対する統計量との関連を概念化して示している。

図表9-7　数量の分類

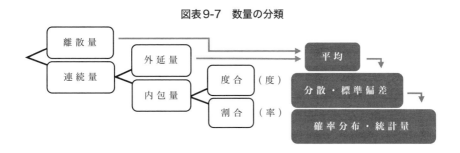

（3）必然性と偶然性の論理　〜なんとなくを計る〜

　前項での，内包量における割合にあたる「率」とは，比率や確率という言葉のように，「確からしさ」[15] という概念を表現している。

　内包量の特性として，局所的な情報により全体の割合を推し量れることがあり，標本の調査において，実際の母集団の傾向を推し量ることが統計を用いておこなわれる。しかし，データの分布の濃淡は一般に均一ではないため，標本の抽出は様々な状態や場所にておこなわれることが要となる。

　その上で，標本により得られた割合等を拡大適用するのではなく，その標本の平均値や分散（標準偏差）等の代表値を用いることから，様々な統計量を求めて，想定される理論上の確率の分布を適宜用いることから，誤差や変動を考慮して，意味のある違い「有意差」や，事象の関係性である「独立性」が示される[16]。

　具体的なイメージの一つとして，次のような例を考えてみよう。日常の道路の交差点においては，信号が青になるのを確認して進行をするが，信号が赤の状態の時に進行しては，かなりの確率において危険であることからおこなわないルールがある。日常では時に，信号が青から黄になった間際において渡ってしまうこともある。そのタイミングが遅れれば遅れるほど危険であるので，次に信号が赤になる予測をして，進行を早めに断念しなくてはいけない。また，赤から青になった直後に見切り発車をするのも危ない。先ほどの相手の進行に出くわす可能性がある。そして，例え青信号の間といえども，相手の信号無視により危険に会う可能性は残念ながら0ではない。また，緊急車両が通過する場合もある。ゆえに，実際には信号を指標にして確実に守ったうえで，道路や周りの状況を自分で確認して予測もするのがルールである（図表9-8）。

　図表9-8に示したのは相手に出くわす確率の分布であるが，裾野である二重線の矢印の範囲での偶然は「あり得なく」ても，互いに防がなくてはいけない。そして，実線の範囲で出くわす確率の上がり下がりの具合に，日常の「なんとなく」の経験を踏まえてしまうものだが，より客観的にその偶然と必然の度合を意識して，本当に「あり得ない」ことに近づけなくてはいけない[17]。

図表9-8　事象の起こる分布

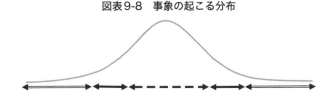

　抽出した標本の平均値は連続データとなり，多数集まるとその分布がこのような釣鐘型をした正規分布に近づくことが知られている。また，測定や製品規格の誤差もこのような分布となる。この曲線の上がり下がり具合は，データの標準偏差 σ（シグマ）を離散化として，その幾つ分に対する確率として理論的に示されるため，その表現に1σ，2σ，3σ…という離散量が用いられる。

第3節　数理による推論，逆理と仮説形成

（1）数量の比較　〜もしやを比べる〜

　第2節で述べた離散量と連続量に対して，数としては，自然数（あるいは整数）と有理数（分数や小数）あるいは実数を用いることになる。内包量の「率」については，$\frac{1}{2}$や$\frac{1}{3}$あるいは30％や50％という表現をよく用いる。おそらく読者は，この$\frac{1}{2}$と$\frac{1}{3}$について，どちらが大きいかをすぐに判断できるであろう。

　昔に算数で学んだように，通分をして$\frac{3}{6}$と$\frac{2}{6}$としたり，あるいは，$1 \div 2 = 0.5$と$1 \div 3 = 0.333\cdots$として比べるわけでないであろう。しかし，AIは瞬時に答えは出すにせよ，この通分をしているとのことである。私たちは，離散量の個数を把握する際にも，数個であれば直感的に量を把握できる特性がある。第1節で触れたように，これはおそらく動物として備わる感覚能力といえ，数えるCountingに対して，サビタイジングSubitizingと言われる。これらの能力は判別時間こそ，今やAIに叶わないにしろ，人間や動物に特有である能

力と考えられる。

　このような数量の比較は，外延量については次のステップがあるとされる。

$\boxed{直接比較}$⇒$\boxed{間接比較}$⇒$\boxed{任意単位による個別比較}$⇒$\boxed{国際単位による普遍比較}$

　これらそれぞれの比較に対して，離散量に対しても次のように対応した比較を考えることができる[18]。

図表9-9　比較の方法

Step	連続量（外延量）	離散量
1	直接比較	一対一対応
2	間接比較	量物や半具体物による置き換え
3	個別比較	様々な数詞による命数法　n進法
4	普遍比較	算用数字による10進位取り記数法

　本項の冒頭で，いわば$\frac{1}{2}$や$\frac{1}{3}$の人間らしいSubitizingによる比較を述べたが，次のような例1の課題をおこなうと，どのような結果となるだろうか[19]。

図表9-10　テープの問題

例1. 右のテープの右端から$\frac{1}{4}$mを塗る。

　このような課題に対しては，今後AIは的確な働きをして，人間はSubitizingと引き換えに曖昧な把握のまま行くのではないだろうか。また，次の例2のような基本的な計算の利用については，どのように考えるだろうか[20]。

例2.

黒猫のいる割合について，A宅には猫3匹のうち黒猫は1匹おり$\frac{1}{3}$である。

B宅には猫5匹のうち黒猫は2匹おり$\frac{2}{5}$である。合わせると，$\frac{1}{3}+\frac{2}{5}=\frac{3}{8}$

となり，全部で8匹の猫のうち黒猫は3匹なので，確かに割合は$\frac{3}{8}$である。

この例2にある分数の計算は，日常の事実を表しているのに違いない。

これらの例1や例2は，分数で表されている連続量が，外延量を示しているのか，内包量を示しているのかを曖昧にしていることに起因して，また人間らしく誤りをする例としてあげることができる。このような誤りこそ，AIが訂正をしたり指摘をしたりする事になるであろうが，分数が，その量と割合の両方の表現に用いることができ，その量感を分割のイメージから直感ができて働くことは，人間ならではの特性といえ，確率のことを，「確からしさ」と言葉にして表現できることも，人間ならではの発話であると考えられる。

(2) 数学による推論と逆理 〜もしやを計り疑う〜

次に以下のような課題について数学的な推論を考えてみる。

例3.

ある感染症に現在，全体の1%が感染していることが分かっている。

この病気には，ある検査法があり，陽性の場合には99%の確率で「陽性」と判定される。しかし，陰性の場合にも，3〜4%の確率で「陽性」と判定されてしまう（擬陽性）。実際に検査を受けたところ，「陽性」と判定された。

この場合において，本当に陽性である確率はいくらであるか。

この例3の状況があった際に，読者はどのような心境となるであろうか。

実際には，結果は$\frac{1}{5}$〜$\frac{1}{4}$，すなわち20%から25%であるが，この確率は直感的には得られにくいものではないだろうか[21]。このような事象について，次のようにシェーマといわれる図式による表現をすると分かりやすい面がある。

図表9-11　事象のシェーマ（例3）

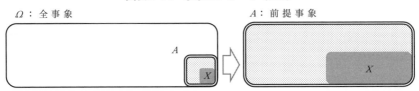

次に，シンプソンの逆理（パラドックス）といわれる，部分的な判断の総和が逆の結果を示す一見奇妙な事例を紹介する。

例4.

　ある学年のクラスA組とB組で，授業に遅刻するグループRと遅刻しないグループ$\overline{R}$とで，優秀な成績Sをとる比率を比べてみた。A組では，Rより$\overline{R}$の方がSの比率が高く，また，B組においても，Rより$\overline{R}$の方がSの比率が高かった。この場合には，両クラスの結果を合計した時も，同じようにRより$\overline{R}$の方がSをとる比率は必ず高いだろうか。

　例4の両クラスの合計の結果，逆にRの方が$\overline{R}$よりSをとる比率が高くなる場合がある，ということが逆理である。このような逆転の結果は意外な感じがするのではないだろうか。実際に，例えば次のような状況がある。

図表9-12　シンプソンの逆理の例

A組50名

	R	$\overline{R}$
S	4名 （40%）　<	20名 （50%）
$\overline{S}$	6名 （60%）	20名 （50%）

B組70名

	R	$\overline{R}$
S	45名 （75%）　<	8名 （80%）
$\overline{S}$	15名 （25%）	2名 （20%）

合計120名

	R	$\overline{R}$
S	49名 （70%）　>	28名 （56%）
$\overline{S}$	21名 （30%）	22名 （44%）

　この事柄についても，現象をシェーマ化すると事実として逆理の成り立ちを捉えることができる（図表9-13：二重線枠がRの集合で，横縞線がSの集合）。

図表9-13　事象のシェーマ（例4）

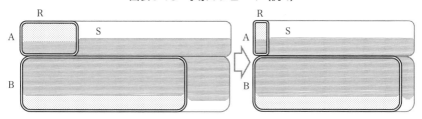

(3) 数理におけるアブダクション　〜もしやを育てる〜

　推論や証明などの思考法には，一般に帰納法inductionと演繹法deductionがある。ここで「一般に」としたが，具体的ないくつかの前提となる事象と結果から，一般的な法則を推察する過程をとるのが帰納的な方法であり，前提となる事象と一般的な法則から，結果を示す過程をとるのが演繹的な方法である。

　それらに対し，ある結果に対して，一般的な法則から，原因となる前提の事象を推し量り洞察する過程はアブダクション，すなわち仮説形成といわれる[22]。

　例えば，ふたつの集合にある要素の個数を比べる際に，直接比較となる一対一対応をして，異同や多少の違いにより，数の違いや数の概念を獲得していく過程は帰納的であり，その数を数詞で間接的に代用して，それぞれの集合の要素を数えており，同じ数である，あるいはどちらかが多いかを，あらかじめ知っていれば，当然，一対一対応した結果も導けることになり，この方法は演繹的である。ところが，片方の集合の要素が「9」，もう片方が「10」であるのに，一対一対応により，対応がちょうどできているという場合にはどうであろうか。

　まず，何らかの漏れや重なり等の対応の間違いがあったのではと，一対一対応を行い直すことがあろう。それでも，ちょうど過不足ない対応の結果となったとする。ここで，やや驚くべき結果となる。次に，事前にあった「9」と「10」という数字にする段階に誤りがあったのではないか[23]，という推測をするであろう。これらは，アブダクションの過程を進めていることになる。それ

でもし，それらの数字の情報にも誤りはない事になると，もしや，「10」とは，9進法で表された「10」ではないか，いう意外な結論を導き出すことがある。

　帰納と演繹，そしてアブダクションの推論過程を示すと次の図表9-14のようである[24]。

図表9-14　思考法の過程

		帰納	演繹	アブダクション
（前提）　事象		I1	D2	A3 を洞察
（命題）ルール		I3 を推察	D1	A2
結果		I2	D3 を証明	A1

　それぞれ，＊1と＊2より，＊3を導き出す過程である（＊はI，D，A）[25]。

　第1節の（3）で取り上げたテーマに戻ると，先ほどの「10がまさかの9進法ではないか」という意外な発想[26]は，算用数字に対するヒエログリフや「こどもの数」の利点あるいは人間以外の数のとらえ方[27]などを振り返り，数字の成り行きを考えることで生まれてくることがある。この例は，数理的ではあるが，些か日常離れをした発想の帰結であろう。日常の生活と関係しては，次の図表9-15のようなある入試問題として知られた問いがある。この問いに用意された答えは，ここでは「右」方向なのであるが，もし，果たして，逆の左方向が正解としたら，どのようなことが考えられるであろうか。

図表9-15　バスの問題

右のバスは、これから右方向か、左方向か、
どちらに進むのだろうか。

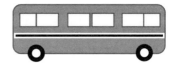

　バスが後退をし始めたのか，バスはマニュアル車であった為，一時後ろに少し下がったのか。果たしてそれらとも違い，日常において通常そのように左に進み続けたらどうであろうか[28]。

　このようなアブダクションによる洞察は，当てはまれば時にドラスティックで発見的な事柄となるが，必ず成り立つ証明ではないことも注意しなくてはいけない[29]。

　言語系の生成AIによる問いへの回答が話題となる昨今であるが，この返答の自然な出来上がりとともに驚かされるのは，その返答の仕組みが，原理的には蓄積された返答の言葉を予測して紡いでいることが基盤となっている[30]ことである。すなわち，大枠では帰納的なアプローチにより返答していることになる。演繹とは，帰納やアブダクションと比較して，唯一誤謬の生じない論理であり，数学の定理の証明には，すべて演繹を用いる。これらで証明される命題は，神がこしらえたものという見なし方をする数学者もいるが，数学における証明は演繹によるものであり，また，それしか認められない。対して例えば，スポーツ科学における立証には，前提と結果から，法則的な関係を帰納により蓋然的に示すという手順があり，その手法としては統計の論理がよく用いられる。そして，キリスト教などの神学における論理と考察においては，結果として残されている文献等の事実から，その前提となる出来事や関係性を洞察するという，このアブダクションの手法による理解と省察が脈々となされている。

【注記】

1)　野崎昭弘他『数と計算の意味がわかる』ベレ出版，2001年，33頁をもとに作成。
2)　5ずつまとめる数詞の表現として，ニューヘブリディーズ諸島のアビ語における次の例が知られる。1:tai 2:lua 3:tolu 4:vari 5:luna（手）6:otai 7:olua 8:otolu 9:ovari（o- 他の）10:lualuna（両手）また，数字の表現としては，マヤ数字が知られる。
3)　C.カミイ・加藤泰彦『ピアジェの構成論と幼児教育』大学教育出版，2018年，13頁に，こどもが3個を「333」と記した例がある。
4)　例えば，図表9-2の右端の数字は上下ともに「365」を表している。
5)　Ⅰとしては，位における数により描くスペースをとる，新たな位には新しい表現が必要となる，筆算を用いた計算ができない等がある。Ⅱとしては，量感があり，少ない学習でも直感的に分かる，数字を書く位置には制限がない，面白味があり自由さのある表現ができる，10進法について5をまとめる表現により，数を束ねる概念が分かりやすい等がある。Ⅲとしては，0が数として意味を持つことより位取りの

原理が活かされる，1〜9と0の数字のみで，小さくても大きくてもいくらでも量を表すことができ，連続量の表現ができる，筆算を用いることで加減乗除の演算が何桁にでも可能となる等。Ⅳとしては，数字の表す量を覚え，位取りの原理を理解するために，教育により学習する機会を持つ必要がある，計算法も暗記により処理すると，n進位取り等の根本原理を理解する際に却って困難となる等がある。

6) G.イフラー『数字の歴史』平凡社，1988年，8頁〜10頁参照。

7) 読み方により，「900 99」や「990 9」また，「900 90 9」やその途中までの表現となる場合がある。

8) それは，位取りの原理や数の量感の理解を大切にする教育として実践されている。例えば，計算のつまずきや間違いの理由，また10以外のn進法の意味を把握するためには，Ⅱにおける数が量物や表象として用いられている。また，算用数字においては，Ⅲにある通り，10進法において，10個の数字でどんな大きさも表すことができるが，数詞においては，各位において，十のあと，千，万，億，兆，京…というように，新たな数詞を用いた表現をしていることが分かる。ここには，数字におけるⅡの特徴があり，世界共通の接頭語としての補助単位としても，キロ，メガ，ギガ，テラ…等を日常社会において用いている。最近の話題では，アト秒のパルス光のレーザーのカメラの利用開発にノーベル賞（2023年）が授与された。アトは10^{-18}（100京分の1）倍を表す。また，国際単位系において，昨今新たに，ロント10^{-27}，クエクト10^{-30}と，ロナ10^{27}，クエタ10^{30}が追加された。

9) 図表9-5の❷としては，車を運転する感覚を楽しむことがあり，今でも根強い人気があり，現在のAT車にはチェンジモードが組み込まれている場合がよくある。また，今後は中古市場において希少価値により，投資的価値を持つような場合もある。右の電話の表について，会社における社用携帯としては，会社内では設置電話を使うことが一般には常時であることが多い。また，社外でも会社使いは単なる携帯電話である場合が多い。その理由として，②の意義としては，外出中にも迅速に社員や顧客と連絡がとれることがまずあり，また，緊急時においても，安否確認やコンプライアンスの対応等のために通話機能に特化していることがある。また一般には，全体にコスト削減につながる。一方で，スマホに接続できる昔の黒電話のような受話器の商品もある。すなわち，個人消費者の立場においては，便利性や有効性により，あえてMT車や携帯電話を利用することが希少となる流れの中，その利点を活かした装備や商品が生まれ，車なら投資的価値や資産形成，また電話なら通話機能の特化性等を考えた際，趣味性や嗜好性との対立軸を越えて，それぞれの意義を比較する視座を持つことは価値をなす可能性がある。

10) 強炭酸は5.0GV（他はシャンパンなど）の飲料として販売されていたが，にごり酒（活性清酒）は4.0 〜 4.1GV，ビールは2.5 〜 2.8 GV等である。

11) 例えば，自分と同年齢の人と，1歳差の人とでは，年が近いのは前者のようであるが，実際には生まれた月日により，後者の方が経過時間は近いことはよくある。また，20代といっても，実際には10代，あるいは30代の人の方が年齢は近いこともよくある。このことは，離散化して考える際に，同じ10年幅であっても，違う分け方（…15 〜 24，25 〜 34，35 〜 44…等）により，また見えてくる傾向や特徴があることの例となり，この括りが適する表現として，「アラサー」「アラフォー」等がある。

12) 日常社会では，「内容は良いが，プレゼンが今一」であったり，「無難な内容かと思ったら，魅力的な発表により興味が湧いた」等の印象を持ったり，評価を受けることは少なくない。このような，それぞれ観点のある指標を客観的に総合評価する場合の数理的な手法の例である。

13) 例えば，$S=\{(x,y)\,|\,x,y \ge 90\}$　$A=\{(x,y)\,|\,x \ge 90 > y \ge 80\}$　$B=\{(x,y)\,|\,y \ge 90 > x \ge 70\}$これら以外を$C$として，このグループの順に$0.5x + 0.5y$の値で評価する。

14) 黒木哲徳『入門算数学』日本評論社，2018年をもとに図表を作成。

15) この，「確か」と「らしさ」を合わせた独特の言い回しは，起こったら「1」，起こらなければ「0」という離散量から，いわば必然と偶然を合わせ持った連続化を示している。私たちは，結果は1か0の離散的な事象について，データを取って，「何回に一回は起こるか」について，連続化した数値で事象を表している。

16) 昨今の日常語では「あり得ない」とは，時に，起きてしまっていることに対して表現されることもある。これと同様に，統計的な有意差や独立性も，偶然ではないとされながらも，その判断に誤りが生じる場合もある。統計の手段における有意差には，5%水準や1%水準等があり，通常，連続的な確率の分布を用いて，偶然としては，「あり得ない」ほどの分布の裾野の範囲として，全体の5%あるいは1%に入るため，「有意差あり」と判断をしている。これはいわば，「統一されたあり得なさ」として，5%や1%の水準を採用していることとなる。

17) 日本の信号は青→黄→赤→青と繰り返すが，イギリス等では青→黄→赤→黄→青となる。この事は，最後に第3節（3）のバスの問題を考える際の参考となる。

18) 直接比較とは，対象物を直接並べたり重ねたりすることで比較する方法であるが，離散量においては，集合の要素を一つずつ結び付けて比較する一対一対応が相当する。間接比較は，別の第3者にその量を示して比較することであるが，離散量としては，具体的なもので数量的にも扱い易い半具体物（算数セットにある量物等）な

どが相当するといえる。そして，任意の単位で量を離散化して測る個別比較の方法
は，各国それぞれの数詞の表現や，そこに表れる12進法による表現等の，位取り
の単位（底）を任意にできるn進法の原理を考えることができる。すると，国際標
準の規格で測る普遍的な比較は，離散量では10進法による位取り記数法に対応し
ていると考えることができる。

19) 注14と同じ。このテープの問題においては，右から50cm分を塗ってしまう場合
（図表9-10左下）が少なくないことが予想される。その分量は全体の2mの$\frac{1}{4}$であ
るが，課題としては$\frac{1}{4}$mを塗るとなっているので，右から25cmすなわち全体の
$\frac{1}{8}$を塗るのが正解となる（図表9-10右下）。

20) この例2の演算は，どこもおかしくないかのように受け取れてしまうことがある。
では，正しい演算のはずの$\frac{1}{3}+\frac{2}{5}=\frac{5}{15}+\frac{6}{15}=\frac{11}{15}$とは，黒猫の何を表したいのか。
このことが今度は課題となる。第1節（1）のように，「あたりまえ」が計算におい
てわからなくなる例となる。

21) この例3の課題に対して，A：この検査を受けて「陽性」と判定される事象，X：陽
性である事象，として，Aの場合にXとなる条件付確率を$P_A(X)$と表すことにする。
今求めたい$P_A(X)$は，擬陽性が3%の場合，次のような数式により求まる。ここで，
$\overline{X}$はXの余事象（すなわち陰性）を表す。

$$P_A(X)=\frac{P(A\cap X)}{P(A)}=\frac{P(X)Px(A)}{P(X)Px(A)+P(\overline{X})Px(A)}=\frac{0.01\times0.99}{0.01\times0.99+0.99\times0.03}$$
$$=\frac{99}{99+99\times3}=\frac{1}{1+3}=\frac{1}{4}$$

ここで用いられている数式はベイズの定理といわれる，いわば結果から原因の確率
を求める方法によるものである。同様にして，擬陽性が4%の場合には，$P_A(X)$は
$\frac{1}{5}$となる。

22) 別の表現では，いくつかの事象と結果から導かれる情報やルールを推察することが
帰納法であり，事象と法則やルールを結びつけて結果を明示することが演繹法であ
り，法則や命題，ルールと起こっている結果から，そこに至る原因の事象を洞察す
ることが仮説形成abductionであり，「逆行推論」retroductionともいわれる。

23) 例えば，9まで数えて次の「10」を落語の「時そば」の勘定のようにしたのではな
いか等。

24) 宇野民幸「参加型数理コミュニケーションの一仮説」日本総合学習学会誌第15巻，
2012年を参照。

25) 帰納はいくらかのI1とI2から，その法則性I3を推察することであり，これには統計の手法も含まれる。演繹は，D1とD2を関連付けて得られる結果D3を示すことであり，数学的に証明されるのはこの方法である。そして，アブダクションは，A1と，それに至る理由A2を結びつけて，前提となる原因事象A3を洞察することである。

26) 例えば比べている量は，年齢のように発生からの経過時間という連続量の小数点以下を切り捨て離散化された値とする。その際，「9.999…」を「9」としており，もとの値の「9.999…」は10未満のどの数と対応させても，それよりは大きいという帰結が得られる場合に，もはや「10」と同じなのではないか，というアブダクションが成されて，それは数理的に立証される。

27) 宇野民幸「虫の視座で学ぶ数」名古屋学院大学教職センター年報，2017年を参照。

28) この問いが出されたのが，ここ日本ではなく，またイギリスでもなく，他の欧州のある国か，あるいは例えば，ニューヨークのバス停での話であるという発想がなされたら，バスにドアのある向こう側から乗車をして，左へ向かい車が進行することが自然ではないか，という仮説が形成されて，それは日常社会的に立証される。

29) (2)の例3の事例で言えば，該当していれば99％の確率で成り立つことも，さらに仮に100％で成り立つとしても，実際に成立するのは$\frac{1}{4}$程度の確率となるということである。しかし，成立しない場合には，よりひろい世間を知る経験値となるに違いない。

30) 言語をベクトル化して行列表現することにより，意味の近さを距離で表し，文章の妥当性を生成確率として計算している。その為，文章の真偽性や論理性の判断までは考慮されておらず，批判的な思考や行間の意味を読み取る能力は現時点では限られてしまう。

【主要参考文献】

イフラー（Ifrah, G.）著，松原秀一・彌永昌吉監修，彌永みち代・丸山正義・後平隆訳『数字の歴史』平凡社，1988年。

カミイ（Kamii, C.K.）・加藤泰彦『ピアジェの構成論と幼児教育』大学教育出版，2018年。

黒木哲徳『入門算数学〔第3版〕』日本評論社，2018年。

野崎昭弘・何森仁・伊藤潤一・小沢健一『数と計算の意味がわかる』ベレ出版，2001年。

宇野民幸「参加型数理コミュニケーションの一仮説」日本総合学習学会誌第15巻，2012年。

宇野民幸「虫の視座で学ぶ数」名古屋学院大学教職センター年報創刊号，2017年。

第10章　AI・データサイエンスと経営

第1節　戦略的意思決定の支援

　意思決定は目的を達成する行動の選択であり，様々な課題や問題の解決を通して業務改善や新しいビジネスの創出といった価値創造をめざす。戦略的意思決定支援は，企業や組織が長期的，戦略的なビジョンを持ちながら，短期的な戦術的判断を行うために不可欠なものである。その意思決定プロセスはデータ分析のプロセスと対応させることができる。ここでは意思決定モデルとデータサイエンスの関係の分析から始める。

　1950-60年代，サイモン（Simon, H.A.）は組織内の意思決定モデルについての研究を行い，組織がどのようにして情報を処理し，決定を下すのかについての理論を構築した。その中で「意思決定は4つの主要な局面から成り立つ。すなわち情報活動，設計活動，選択活動，再検討のプロセスである」としている[1]。

　サイモンは1960-70年代にコンピュータを使ったシミュレーションとモデリングを活用した人間の認知プロセスの研究を行っており，ICTによる意思決定を試みた最初の研究者のひとりである。また経営学とともにAIの研究者としても知られている。

　オクセンフェルト（Oxenfeldt, A.R.）らは，消費者の行動やマーケティング戦略に関する観点から，意思決定活動は「(1) 議題の決定，(2) 問題の原因考察，(3) 矯正法の検討，(4) 代替案の作成，(5) 各種代替案 結果予測，(6) 最良代替案の選択」のフェーズからなるとしている[2]。

　またアイロン（Eilon, S.）によれば，意思決定プロセスは (1) 情報の入力，

図表10-1　H.A.サイモン，A.R.オクセンフェルトの意思決定モデル

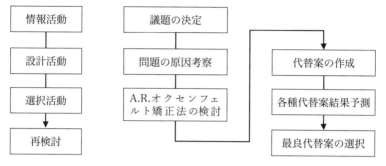

（2）情報の分析，（3）代替案の評価基準の明確化，（4）モデルの構築，（5）代替案の列挙，（6）代替案の結果の予測，（7）評価基準の選択，（8）代替案の選択（決定）からなるとされる[3]。

　データサイエンスは，大量の情報を分析・解釈し，それをもとに戦略的な意思決定を行うための洞察を提供する。データサイエンスと戦略的意思決定は密接に関連している。ここでデータ分析の観点から，意思決定モデルのプロセスを再構築してみる。そこで意思決定モデルとデータサイエンスにおけるデータ分析モデルの関連性について述べる。

　データ分析モデルの各プロセスは問題設定，データの準備，モデルの作成，モデルの評価，代替案のデプロイである。データの準備はさらに「データの収集」，「データの前処理」，「データの探索的分析」などに分けられ，データの可視化やデータクリーニングといった作業を行う。モデルの作成，評価のプロセスはループをしており，何度か繰り返される。なお「代替案のデプロイ」はデータ分析の外側に置かれるものとする。

図表10-2　データ分析のプロセス

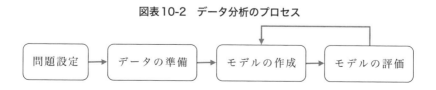

　多少の相違はあっても，サイモンの「情報活動」はデータ分析における問題設定に対応する。また「設計活動」はモデルの作成，「選択活動」はモデルの評価，「再検討」は繰り返しのループに対応するとみなすことができる。またオクセンフェルトらの「(1) 議題の決定」，「(2) 問題の原因考察」はデータ分析における問題設定に，「(3) 矯正法の検討」，「(4) 代替案の作成」はモデルの作成に，「(5) 各種代替案 結果予測」はモデルの評価に，「(6) 最良代替案の選択」はループに対応する。アイロンの「(1) 情報の入力」，「(2) 情報の分析」はデータの準備における「データの収集」，「データの探索」にそれぞれ対応させることができる。このように，意思決定モデルはデータサイエンスにおけるデータ分析のプロセスと対応させることができる。現代において戦略的意思決定の要素はデータサイエンスの様々な手法，ツールを学ぶことで理解し，また実現することができる。

　問題を解決するためのフレームワークとしてPPDACモデルがある。問題解決における各段階を問題 (Problem)，調査の計画 (Plan)，データ (Data)，分析 (Analysis)，結論 (Conclusion) の繰り返しとしている。Problemは「問題」，PlanとDataは「データの準備」，Analysisは「モデルの作成」，Conclusionは「モデルの評価」に対応している。

　また最近，DAO（分散型自治組織）の概念が広まっている。DAOはブロックチェーン技術を活用して登場した新しい企業形態で，その特徴は未来の多くの組織やビジネスに影響を与えると予想されている。意思決定の過程や業務の一部はスマートコントラクトによって自動化され，人の介入を必要とせず，多くの専門家とのコラボレーションが容易となる。伝統的な企業の境界を超えた共同作業を可能にするものであり，新しい形の意思決定モデルとなる。

DSS

　戦略的意思決定支援に関連するツールには，経営情報システムであるDSS＝戦略的意思決定支援システム (Decision Support Systems) やBI (Business Intelligence) ツールがあり，経営者がデータにもとづいた意思決定を支援する

システムである。

　DSS は 1970 年代から提案・開発されており，その構成は R.H. スプレーグ (R.H. Sprague) らによれば「モデルベース」と「データベース」の 2 つのモジュールからなり，「ユーザインタフェースを」通じて制御するとされる。「モデルバース」はデータ分析のデータアナリシスに対応し，「データベース」はデータエンジニアリングに対応するとみなすことができる[4]。現代では，様々なデータ分析ツールがそれぞれ細分化して利用されているが，大まかにみれば，DSS はデータサイエンスや DX の各システムの中に形を変えて存在しているといえる。

図表 10-3　DSS の 3 要素

　データアナリシス（モデルベースに対応）の予測モデリングや最適化プロセスを利用して意思決定を改善できる。過去のデータをもとに未来の出来事やトレンドを予測するモデルを作成し，企業は将来の市場の動きやリスクを予測，それに対応する戦略を策定する。またリソースの最適な配分やプロセスの改善のための最適化アルゴリズムを提供することで，企業はコストを削減し効率を向上させることができる。

　データエンジニアリング（データベースに対応）はおもにデータを効果的に管理し，変換し，分析するためのシステムやプロセスの組み合わせである。データの収集や蓄積，データの前処理，さらにデータの可視化，分析，予測も行うこともできる。基本的には各種のデータベースシステムが利用される。

　ユーザインタフェースは現代の BI ツールに対応する。BI ツールはデータの可視化のツールであり，複雑なデータセットを直感的に理解しやすい形で表示

するためのツールや手法が必須である。BIツールにより，経営者はデータの背後にあるトレンドやパターンを簡単に把握することができる。

ビッグデータ

　ビッグデータを用いる意思決定支援は，企業が競争力を維持・向上させる上で非常に重要な要素となっている。ビッグデータは，膨大な量のデータを高速に処理・分析する技術や手法をさす。これを戦略的意思決定に活用することで多くのメリットが生まれる。ビッグデータの分析を通じて，企業は市場の動向や顧客の行動，業務の効率性などに関する深い洞察を獲得できる。

　リアルタイム分析としてのビッグデータ技術は，瞬時の市場変動や顧客の動きに迅速に対応する戦略的判断を下すことができる。また，潜在的なリスクを識別し，それらのリスクがビジネスに与える影響を評価することで，意思決定者はより確実な決定を下すことができる。

　データサイエンティストは複雑なデータを分析する専門家であり，経営者とのコミュニケーションを通じて，戦略的意思決定にデータを活用する方法を見つけることができる。競争環境で成功を収めるための道筋を示し，不確実性の中での意思決定をサポートする。意思決定の後に得られる結果を分析し，必要に応じて戦略を調整することで組織の柔軟性と適応性を高める。

第2節　データによる顧客理解

　顧客理解におけるデータサイエンスの役割は，大量のデータを分析・解釈する技術や手法を提供し，マーケティング活動の効果を最大化することである。データによるマーケティングでは，顧客セグメンテーションやデータ分析を用いて，顧客を異なるグループやカテゴリに分け，ターゲットとなる顧客層に合わせた効果的なマーケティング戦略策定を行うことができる。

　コトラー（Kotler, P.）の「マーケティング4.0[5]」は，伝統的なマーケティング（マーケティング3.0）からデジタル時代のマーケティングへの移行を構想し

ている。コトラーはマーケティングの権威として知られ，多くの革新的なアイデアやモデルを提供している。「マーケティング 4.0」は，デジタル技術の急速な進展と消費者の行動の変化を反映し，データによる顧客理解の実現を提案する。

　コトラーは，人々の感情や価値観はマーケティングの中心にあるべきという人間中心のマーケティングを提案する。企業と消費者は共に価値を持つ関係を築くことが求められ，これはブランドと消費者の間の強力な絆を構築するための鍵となる。

　ブランドや企業にどれだけエンゲージ（参加・関与）しているかを示す指標や概念として「カスタマーエンゲージメント」がある。高いカスタマーエンゲージメントは，顧客がブランドや製品に対して強い情熱や興味を持ち，ロイヤルティが高まり，繰り返し購入や推奨などのポジティブな行動を取る可能性が高くなる。

　消費者はオフラインからオンラインまで様々なチャネルを通じて情報を収集し，購入を検討する。ブランドすべてのチャネルで一貫性を持って各顧客の行動データや購入履歴を分析し，個別のニーズや興味に合わせたメッセージやオファーを提供できる。これを「パーソナライゼーション」とよぶ。

データドリブンマーケティング

　データを活用して顧客を理解することは，ビジネスの成功において大きな役割を持つ。顧客のオンライン行動の追跡，顧客の Web サイト訪問履歴，クリックパス，検索キーワードなどのデータを分析することで，顧客のニーズを把握することができる。さらに，顧客がソーシャルメディア上での発言を通して，ブランドや製品に対する感情や様々な意見を把握することができる。また顧客満足度調査やフィードバックを通じて顧客の満足度や期待を知ることができる。

　また，これらの方法を組み合わせることで，企業は顧客に対する深い洞察を得ることができ，戦略やアクションプランを策定することができる。さらに，

過去のデータを元に，様々な機械学習モデルを駆使して，顧客の将来の行動や
ニーズを予測することができる。正確なデータとその解析は，顧客との関係を
強化し，ビジネスの成長をサポートする鍵となる。

　分析の例として，顧客のデータや購買履歴データで顧客のセグメンテーショ
ンや顧客の購買パターンやチャーン（サービスの解約）といった分析が可能であ
る。商品と購入者，購買額からなる簡単な購買データであっても，数週間の購
入履歴があれば顧客の購買傾向の分析・予測ができる。実際の購買データや
Webサイトで入手できる購買データ（Kaggle[6] など）で試してみるとよい。

第3節　業績の予測とリスク管理

　経営に対するデータサイエンスの応用領域として，企業の業績予測，コスト
削減や投資戦略などの会計に関連する最適化，ファイナンスにおけるリスク管
理（顧客クレジットスコアリング，不正検出など）といったことがあげられる。

　企業の業績予測分析は，データにもとづいた業績予測のための重要なツール
として多くの企業や組織で採用されている。組織の未来の収益，販売などキー
パフォーマンス指標（KPI）などに関する予測を提供するものであり，データ
サイエンスの手法を用いることで，これらの予測の精度と信頼性を大幅に向上
させることができる。

　高度な分析手法を用いて，非線形の関係や複雑なパターンを検出し，これに
もとづいて業績を予測する。例えば販売データ，顧客の購買履歴，マーケティ
ング活動の過去のデータなどを利用して未来の業績トレンドを予測する。また
外部要因も考慮し，経済の状況，季節性，業界のトレンド，競合の動向などを
取り入れたモデリングを行い，これらが業績に与える影響を評価する。

　ストリームデータ処理などを利用してリアルタイムにデータを更新し，業績
予測を常に最新の状態に保ち，マーケティング戦略の調整や資源の再配分など
を行うこともデータサイエンスの得意分野である。このようなアプローチによ
り，企業は市場の変化や顧客の動向に迅速に対応し，競争力を維持・強化する

ための戦略を策定することが可能となる。

ファイナンスにおけるデータ利用

　ファイナンスにおけるリスク管理とデータサイエンスは，近年の技術進化により密接に関連するようになってきている。データサイエンスは，大量のデータを分析して意味のある洞察を得るための方法論や技術を提供する一方，リスク管理はこれらの洞察を活用して潜在的なリスクを評価・予測し，軽減することができる。またリアルタイムのリスク監視により，リスクの兆候を即座に検出し，迅速な対応が可能となる。

　顧客クレジットスコアリング[7]は個人のクレジットリスクを評価するための手法であり，銀行，クレジットカード会社，住宅ローン提供者などで，顧客が返済能力を有するかどうかを判断するときに用いられる。過去の支払いが期日通りに行われたか，現在の債務の総額や利用可能なクレジットの割合，クレジット履歴の長さ，最近のクレジットの照会などのデータを変数として回帰分析や教師あり機械学習といった手法でクレジットリスクを評価する。

　不正検出は金融取引における不正行為，異常行動，または通常とは異なるパターンを自動的に識別するための手法であり，クレジットカード詐欺，銀行取引の異常，ネットワークセキュリティ侵害，保険詐欺などの検出など多くの場面で使用される。統計的手法や機械学習における異常検知・変化検知という手法が用いられる。

　そのほか，リスクの因果解析，データマイニングなどの手法によりリスクの原因やトリガーとなる要因を特定し，根本的な問題の解決を図ることができる。データが増えるに従い，機械学習モデルは継続的な学習と適応を通じて性能を向上させ，リスクの変化により迅速に対応できるようになる。

第4節　ビジネスと生成AI

　AI（人工知能），特に生成AIの技術はChatGPTの爆発的な普及などから注目

を浴びている[8]。この節では生成AIとビジネスの活用方法について述べる。生成AI（Generative Artificial Intelligence）は，データからの学習により新しいデータや情報を生成・出力するAIの一分野であり，基礎となる技術は生成敵対的ネットワーク（GAN：Generative Adversarial Network）や変分オートエンコーダ（VAE：Variational Autoencoder），Stable Diffusionなどの拡散モデル（Diffusion Model）である。

また言語系の生成AIであるTransformer，GPT，BERTなどのモデルは巨大言語モデル（LLM：Large Language Model）ともよばれ，その中でもGPTモデルであるGPT-3，GPT-4などのモデルは2022年秋より利用が爆発的に広がっている。

GANは，2つのネットワーク（生成器と判別器）を競争的に学習させる。生成器は，リアルに見えるデータを生成しようとし，判別器は，生成されたデータが本物か偽物かを判別する。この相互作用により，生成器は時間とともによりリアルなデータを生成する能力を向上される。

拡散モデル（Diffusion Model）は，あらゆる画像はノイズが加わってゆくといずれ完全なノイズになるが，逆にノイズを取り除いてゆけば画像が出現するという発想から，ノイズを取り除く過程をAIに学習させ，その過程をテキストなどで制御し新たに画像を生成する方法である。

Transformerの構造は非常に複雑であるが，簡単にいえばエンコーダ・デコーダモデルであり，エンコーダは，テキストの入力を処理するエンコード層で構成，デコーダはエンコーダの出力を処理するデコード層で構成され，ともに自己注意機構（Self-Attention）とよばれる機能を利用する。自己注意機構は，入力を他のすべての入力との関連で重みを付け，出力を生成する。GPTはおもにTransformerのデコード部分を，BERTはエンコード部分を利用する。

生成AIの主な用途として，写真やアートワークのようなリアルな画像の生成，ある画像のスタイルを別の画像のスタイルに変換，文章や詩，物語などのテキストの生成，音楽や音声の生成などがある。画像の生成技術を拡張して，ビデオ画像や3Dオブジェクトの生成も可能である。

業務プロセスの最適化

　生成AIを用いることで，企業の業務データをもとに，最適な業務フローを提案し，業務プロセスを最適化することができる。例えば経営者やマネージャーが持つ業務フローの理想や目的を入力として与えると，生成AIが最適な業務フローを自動生成するなどである。

　業務の効果検証や成果を重視し，業務の品質，コスト，納期のバランスを最適化し，さらなる業務の効率化をはかることができる。業務プロセス中の遅延や効率の低下を引き起こす部分を特定し，それを改善するための提案を自動的に生成することも可能である。また社員のスキルセット，プロジェクトの要件，利用可能な時間などの情報から，最適なリソース配置を行うこともできる。これはRPA（Robotic Process Automation：定型作業の自動化ツール）とあわせて利用すると効果的である。

顧客対応の最適化

　顧客からの問い合わせやフィードバックの履歴をもとに，最も効果的な対応方法や返答を生成することができる。そして顧客ごとのデータをもとに，カスタマイズされたコンテンツやプロモーションをつくることができる。個別化されたマーケティングの実現，顧客の問い合わせやフィードバックに応じた自動的なレスポンスなどの生成が可能である。

　例えば，顧客からの問い合わせやレビューを生成AIで解析し，それに適した回答をリアルタイムで生成することで，顧客対応の迅速化や，サポートセンターの負担軽減が期待できる。顧客の購入履歴や閲覧履歴をもとに，次に興味を持ちそうな商品やサービスを生成AIで推薦する。さらに，顧客のエモーショナルな反応の解析，具体的には顧客の文章から感情や意向を解析し，顧客の満足度や不満点を詳細に把握することができる。生成AIを経営の中で特に「顧客対応」に活用することで，多くの新しい価値を生む可能性がある。

ビジネスモデルの探索

　既存のデータと業界のトレンドを元に，新しいビジネスモデルや収益の機会
を提案する。ビジネスモデルの探索の方法は，組織や業界，そして目的に応じ
てカスタマイズされる必要がある。また生成AIを活用する際に，正確なデー
タの収集と，そのデータにもとづく提案の検証が必要となる。また，技術の活
用だけでなく，組織の文化やステークホルダー（株主，経営者，顧客など）との
コミュニケーションも重要となる。

　上記のような生成AIの応用には，顧客のプライバシーに関する配慮，特に，
個人情報の収集や利用についての配慮が必要である。適切な許諾を得て透明性
を保ち，生成AIの出力結果は常に検証，必要に応じて人の判断を介在させる
ことも考慮すべきである。

　生成AIは非常に強力であり，ディープフェイクのような偽のコンテンツを
生成する能力も持っている。これは，情報の信頼性や真実性に関する懸念を引
き起こす可能性がある。また，トレーニングには大量のデータと計算リソース
が必要であるため，実際のビジネスやアプリケーションへの導入には考慮が必
要である。生成AIは，その能力と可能性により，多くの産業や領域での革新
的な応用が期待されているが，その使用には適切なガイドラインと倫理的な検
討が必要である。

【注記】

1)　Herbert A. Simon, The New Science of Management Decision, Revised ed., Englewood Cliffs, New Jersey: Prentice-Hall, Inc, 1977. 稲葉元吉・倉井武夫訳『意思決定の科学』産業能率大学出版部，1979年，60頁。

2)　Alfred R. Oxenfeld, David w. Miller and Roger A. Dickinson, A Basic Approach to Executive Decision Making, American Management Association, Inc., 1978. 巻淵敏郎訳『意思決定能力』産業能率大学出版部，1980年，221頁。

3)　Samuel Eilon, What is a Decision ?, Management Science, Vol.16, No.4, 1969, pp.173-174.

4)　HP Ralph H. Sprague, Jr, and Hugh J. Wstson, Bit by Bititoward Decision Support Systems, Californic Management Review, Vol. XX II, No.1, 1978.

5)　コトラー（Kotler, P.）他著，恩藏直人監訳・藤井清美訳『コトラーのマーケティング4.0　スマートフォン時代の究極法則』朝日新聞出版，2017年。

6)　Kaggleコンペティション，スーパーマーケットのセールスデータ
https://www.kaggle.com/datasets/yapwh1208/supermarket-sales-data 2021年。

7)　矢野順子他『クレジットカード利用顧客のデフォルト予兆発見分析』オペレーションズリサーチ，日本オペレーションズリサーチ学会，2006年，104～110頁。

8)　Michael Chui, Eric Hazan,『生成AIがもたらす潜在的な経済効果，生産性の次なるフロンティア』, AI by McKinsey, 2023

第11章　経営問題と数理モデル

　実社会では，データの駆使によって様々な経営問題（例えば，物事予測，生産計画管理，情報発見など）をより的確に解決できることが実証されている。実際のところ，データをどう利用すれば的確なビジネス課題解決につながるか。その答えは容易なことではない。本章では，データの活用による数理モデル構築の考え方，および，数理モデルによる経営問題の解決法を具体例で紹介する。

第1節　経営問題における数理モデル構築の考え方

　物事を数学的に表現することで本質的な構造を解明する可能性がある。数理モデルは一般的に物事を数学手法で表したもの[1]として解釈される。本節では，実務現場でよく出会うような典型的問題を3例取り上げて数理モデルの作り方（考え方）を述べる。

❖数理モデルの作成例1

　ある商品の販売量と経営状況のデータ（既知データ）が図表11-1に示されている。この既知データを利用して販売量を予測するための数理モデルを構築したいが，どうすればよいか。

　構築の考え方の一つとしては，既知データの回帰分析[2]によって次のような数式（11-1）（以下，回帰式という）を作る方法があげられる。

図表11-1　販売量と経営状況

	A	B	C	D	E
1	曜日	販売量	販売割引	ネット広告	イベント情報
2	土	135	10%	1	1
3	日	125	10%	1	1
4	月	75	0%	0	0
5	火	68	0%	0	1
6	水	98	5%	1	1
7	木	85	5%	1	0
8	金	76	0%	0	0
9	土	125	10%	1	0
10	日	138	10%	1	1
11	月	85	0%	0	0
12	火	87	0%	0	1
13	水	110	5%	1	1
14	木	88	5%	1	0
15	金	78	0%	0	0

$$販売量 = a_1 \times 販売割引 + a_2 \times ネット広告 + a_3 \times イベント情報 + b \qquad (11\text{-}1)$$

❖数理モデルの構成要素とその意味

販売量	目的変数（または，目的関数）		
販売割引	説明変数：販売価格の何割かを示す数値		
ネット広告	説明変数：広告を出したら1，出さなかったら0		
イベント情報	説明変数：イベントがあるなら1，ないなら0		
a_1，a_2，a_3	各説明変数の係数：数値	b	切片：数値

　回帰式（11-1）は算術演算しか含まないので，簡単な数理モデルである。また，係数a_1，a_2，a_3と切片bを回帰式（11-1）のパラメーター（parameter）という。パラメーターの値を確定すると具体的な回帰式が定まる。それゆえ，この数理モデルの構築問題はパラメーターを求める問題に帰着できる。

　本例の場合，図表11-1の既知データを用いた回帰分析によって係数a_1，a_2，

a_3 と切片 b の値が求められるので，回帰式（11-1）が完全に確立される。そして確立した回帰式を使って，回帰式の説明変数にそれぞれ具体的な値を与えると目的変数の予測値が得られる。このように確立した回帰式による販売量の予測が実現される。

❖数理モデルの作成例2

あるパン屋さんは図表11-2の制作レシピ（単位：グラム）と制約条件（すなわち，経営環境）のもとで3種類のパンを作っている。さて，最大の生産利益を得るために各種のパンをどれだけ作ったらよいか。

図表11-2　パンの制作レシピ

	パンA	パンB	パンC	使用可能量
原材料1	35		10	5,000
原材料2	20	60	35	10,000
原材料3	5	20	10	3,000
原材料4	1	3	1.5	500
原材料5	55		35	10,000
原材料6	50	85	90	20,000
1個当たり生産利益	60	75	50	

これは一種の生産計画問題である。数理モデル構築の考え方は次の通りである。まず構築の数理モデルに指示した生産量の実行可能性を保証する必要がある。これは，原材料の使用可能量に制約条件の設定によって実現可能である。そして実行可能性を保証したうえで最大利益になるような生産量を求めればよい。本例の場合，次の複数の式（11-2）からなる数理モデルは構築される。

数理モデル（11-2）は一種の数理最適化モデルであり，制約条件を満たす実行可能解のうち，目的関数値が最大になる実行可能解（最適解という）を求めるような数理モデルの一種である。また，このように目的関数と制約条件（不等式）に変数（x_A, x_B, x_C）の1次式しか含んでいないような数理モデルに

よって定式化可能な問題をLP問題[3]という。本例の生産計画問題をはじめ，経営現場の様々な問題をLP問題としてモデル化できる。実用性が高いため，LP問題を解くためのアルゴリズムが精力的に開発され，表計算ソフトExcelのソルバーにも含まれている。Excelのソルバーを使えば，一見難しいそうなLP問題の最適解を簡単に求めることができる。次節では，その方法を紹介する。

$$
\begin{aligned}
maximize \quad & 60x_A + 75x_B + 50x_C \\
subject\ to \quad &
\begin{cases}
35x_A + 10x_C \leq 5{,}000 \\
20x_A + 60x_B + 35x_C \leq 10{,}000 \\
5x_A + 20x_B + 10x_C \leq 300 \\
x_A + 3x_B + 1.5x_C \leq 500 \\
55x_A + 35x_C \leq 10{,}000 \\
50x_A + 85x_B + 90x_C \leq 20{,}000 \\
x_A \geq 0, \ x_B \geq 0, \ x_C \geq 0
\end{cases}
\end{aligned}
\tag{11-2}
$$

❖数理モデルの構成要素と表記法の意味

$60x_A + 75x_B + 50x_C$	目的関数。ここで変数 x_A, x_B, x_C はパンA，B，Cの生産量を表し，目的関数値は生産量 (x_A, x_B, x_C) の生産利益を表す。
$maximize\ f$	関数 f を最大化する意味 本例の場合， 関数 $f\,(x_A,\ x_B,\ x_C) = 60x_A + 75x_B + 50x_C$
$subject\ to$	制約条件。制約条件を満たす変数 (x_A, x_B, x_C) の値を実行可能解という。

❖数理モデルの作成例3（情報発見）

　9つの企業間に貿易取引を行っている状況（図表11-3）が調査によって判明した。

調査目的は,「互いに取引ある企業からなる最大グループは何か」を発見したいことである。

図表11-3の取引企業リストにもとづいて図表11-4のように作られたグラフ（取引関係を示す図）から互いに取引ある最大グループは「c_1, c_3, c_4, c_5」であると確認される[4]。

また，グラフから，例えば取引が一番多い企業は何かなど，様々な利用価値の高い情報も得られる。

図表11-3　貿易取引の現状

企業名	取引企業リスト
c_1	c_2, c_3, c_4, c_5
c_2	c_1, c_6
c_3	c_1, c_4, c_5, c_7, c_8
c_4	c_1, c_3, c_5
c_5	c_1, c_3, c_4
c_6	c_2, c_7, c_8
c_7	c_3, c_6, c_8, c_9
c_8	c_6, c_7, c_9
c_9	c_7, c_8

図表11-4　取引企業リストによって作ったグラフ[5]

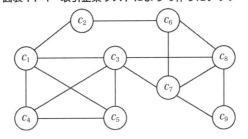

日常生活に利用されている社会インフラ（例えばインターネット，道路など）をはじめ，様々なシステム（または社会現象）はグラフ構造をもつ図式の数理モデル（ネットワークモデル）として定式化される。システム上の課題をグラフ理論（ネットワーク理論）の問題として捉えるため，グラフ理論を使えば問題解決の可能性は高くなる。近年ビッグデータ解析などで様々な社会現象がネットワーク理論によって解明されつつあり，ネットワークモデルの研究はネットワーク科学[6]までに大きな発展を遂げてきている。

以上では，数理モデルとは何か，どのように構築すればよいか，などを具体的に例示した。次節では，数理モデル化した経営問題の解決案をどう見つけるのかについて説明する。

第2節　Excelによる数理モデル化した経営問題の解き方

数理モデル化によってできた問題はしばしば複雑である。求解作業の効率性の観点から手作業で数理モデルの解を求めるのは一般的に非効率である。以下では，表計算ソフトExcelを用いた前節の数理モデルの解き方を説明する。

❖Excelのソルバー機能による問題解決（LP問題の解法）

解法は3つのステップから構成される。①Excelのソルバーを機能できるように解きたい問題をワークシートに入力する。②Excelのソルバーを起動し，「ソルバーのパラメーター」画面でワークシート上の問題をソルバーに入力する。③ソルバーを実行した結果から問題の解が見つかったか確認する。以下では，手順1～3に沿って前節の生産計画問題の解法を説明する。

手順1　Excelのソルバー機能を利用できるように問題をシートに入力する。本例の場合，図表11-5右図のように目的関数（セルE8）および制約条件（セルE10～E15）にそれぞれの数式を入力する。

図表11-5　ソルバーを機能するための問題入力

	A	B	C	D	E	F	G
1	Copyright (c) 2012 by P. Cheng, NGU. All rights reserved.						
2	Start	パンA	パンB	パンC			
3	最適解(変数セル)	120	80	80	ソルバー機能で解く		
4	最適解の下限値	0.0	0.0	0.0			
5	最適解の上限値						
6							
7					目的関数		
8		60	75	50	17,200	目的セル	
9		各変数の係数			制約条件式	不等号	制約量
10	原材料1	35		10	5,000	≦	5000
11	原材料2	20	60	35	10,000	≦	10000
12	原材料3	5	20	10	3,000	≦	3000
13	原材料4	1	3	1.5	480	≦	500
14	原材料5	55		35	9,400	≦	10000
15	原材料6	50	85	90	20,000	≦	20000

E
ソルバー機能で解く
目的関数
=SUMPRODUCT($B$3:$D$3,B8:D8)
制約条件式
=SUMPRODUCT($B$3:$D$3,B10:D10)
=SUMPRODUCT($B$3:$D$3,B11:D11)
=SUMPRODUCT($B$3:$D$3,B12:D12)
=SUMPRODUCT($B$3:$D$3,B13:D13)
=SUMPRODUCT($B$3:$D$3,B14:D14)
=SUMPRODUCT($B$3:$D$3,B15:D15)

　手順2　Excel画面で「データ」→「ソルバー[7]」の順次選択によってExcelのソルバーを起動して現れた「ソルバーのパラメーター」画面にワークシート上の問題を入力する（図表11-6）。

　手順3　「ソルバーパラメーター」画面で「解決（S）」ボタンを押すと現れた「ソルバー結果」画面（図表11-7）で問題を解いた結果などのメッセージを確認する。本例の場合，「解が見つかった」主旨のメッセージが確認されるとともにその解（最適解）が変数セルB3〜D3に求められている。その結果，図表11-5左図よりパンAを120個，パンB，Cともを80個作れば，最大の生産利益「17,200」を獲得することがわかる[8]。

　Excelのソルバー機能を利用すると最適化問題の解が簡単に見つかる。実際のビジネス現場で問題の解決案を考える際に様々なニーズに応じた解決案を知りたい場合がよくある。解決策としては，各ニーズによって設定した問題の解

図表11-6　Excelのソルバーのパラメーターの設定

図表11-7　Excelのソルバーの実行結果

決用シートを作ってソルバー実行によってその解を見つけておく。そして各ニーズの解を総合的に勘案して，最終的な解決案を決めればよい。

❖Excelの「回帰分析」ツールによる問題解決（予測問題の解法）

　Excelの「回帰分析」ツールを使って，販売量予測の回帰式（11-1）の係数 a_1, a_2, a_3 と切片 b の値を求める手順は次のとおりである。

　手順1　Excelの「データ」→「データ分析[9]」→「回帰分析」の順次選択によって現れた「回帰分析」画面で予測用の既知データを指定する。本例において，図表11-8上図のように「入力元」でデータ範囲（Y），データ範囲（X），出力オプションなどに必要な指定を行う。

　手順2　「回帰分析」画面の「OK」ボタンを押すと「分析結果」シートが挿入され，そのシートに図表11-8の左下「回帰統計」・右図「係数など」のような分析結果が含まれる。

　本例の場合[10]，a_1=674.5；a_2=−17.8；a_3=7.1；b=75.8（図表11-8右下図）。よって，販売量予測の回帰式（11-3）が定まる。次は，回帰式の有効性（妥当性）について検討する。以下では，よく使われる3つの判断指標を紹介する。

　まず「寄与率」と呼ばれる「回帰統計」の「重決定R2」指標は，回帰式が

目的変数の値の変動をどの程度説明できているかを表す指標である。寄与率は
[0～1] 間の値を取り，「1」に近ければ近いほど，回帰式の精度が高いこと
を意味する。本例の場合（図表11 8の左下図），「重決定R2」が「0.92」なので
結構よい精度の回帰式が得られているといえる。

　次は，「P-値」指標を説明する。これは，各説明変数（販売割引，ネット広告，
イベント情報）が目的変数（販売量）に対して関係があるかを表す指標である。
一般的に「P-値」が「0.05」未満であれば，その説明変数は目的変数に対し

図表11-8　Excelの「回帰分析」ツールを使って得た分析結果

回帰統計	
重相関R	0.96
重決定R2	0.92
補正R2	0.89
標準誤差	7.79
観測数	14

	係数	標準誤差	t	P-値
切片	75.8	3.5	21.6	0.00
販売割引	674.5	112.4	6.0	0.00
ネット広告	− 17.8	9.3	− 1.9	0.08
イベント情報	7.1	4.4	1.6	0.14

$$販売量 = 674.5 \times 販売割引 - 17.8 \times ネット広告 + 7.1 \times イベント情報 + 75.8 \tag{11-3}$$

て「関係性がある」という判断をすればよい。つまり，統計的に「(1 −「P-値」) ×100％」確率で関係性があるといえる。本例の場合（図表11-8右下図），切片と販売割引の「P-値」がそれぞれほぼ「0.00」なので，関係性が強いといえる。一方，ネット広告とイベント情報の「P-値」がそれぞれ「0.08」「0.14」であるため，関係性がやや薄いといえるだろう。

　最後に「t」指標を説明する。これは，各説明変数が目的変数に与える影響の大きさを表す指標である。「t」指標の絶対値が大きければ大きいほど，目的変数に与える影響が強いことを意味する。目安として「t」指標の絶対値が「2」より小さい場合は，統計的にその説明変数は目的変数に影響を与えていないと判断すればよい。本例の結果（図表11-8右下図）は，ネット広告とイベント情報が販売量に影響をあまり与えていないことを意味する。

第3節　より的確な数理モデルの探究による企業価値の創出

　前節の回帰分析により，ネット広告とイベント情報の実施状況が販売量に影響をあまり与えていないと判明されている。より的確な販売量予測の回帰式（数理モデル）を見つけるにはどうすればよいか。以下では，幾つかのアイデアによって回帰式を作るとともにその妥当性を検討する。

　1つ目は，販売量に影響をあまり与えないようなネット広告とイベント情報を使わずに回帰式を作ってみるのである。つまり，販売割引のみで販売量予測の回帰式を作ってみる。図表11-9の上図のように「入力元」の設定で実行した「回帰分析」結果（図表11-9）より回帰式（11-4）が確立される。また，「t」と「P-値」に関してよい結果が確認されるが，「重決定R2」が「0.87」なので「重決定R2」指標に関して回帰式（11-3）よりよくない。

図表11-9　Excelの「回帰分析」ツールによって得た分析結果

回帰統計	
重相関R	0.93
重決定R2	0.87
補正R2	0.85
標準誤差	9.14
観測数	14

	係数	標準誤差	t	P-値
切片	76	3.50	21.69	5.4E-11
販売割引	515	58.63	8.78	1.43E-06

$$販売量 = 515 \times 販売割引 + 76 \tag{11-4}$$

　また，回帰式（11-3）と（11-4）を使って予測した販売量が図表11-10に示されている。残差の結果からみてどちらの回帰式がよいかについて，はっきりと判断がつかないようである。

　このように使う説明変数（評価項目）の選び方によって様々な回帰式が得られる。これらの回帰式をさらに分析したうえ，総合的に最終的な回帰式（数理モデル）を決めればよい。

図表11-10　販売量の予測結果の比較[11]

	土	日	月	火	水	木	金
切片	1	1	1	1	1	1	1
割引販売	10%	10%	0%	0%	5%	5%	0%
ネット広告	1	1	0	0	1	1	0
イベント情報	1	1	0	1	1	0	0
（既知）販売量	135	125	75	68	98	85	76
回帰式（11-3）の予測販売量	133	133	76	83	99	92	76
（既知）販売量との残差	2	−8	−1	−15	−1	−7	0
回帰式（11-4）の予測販売量	128	128	76	76	102	102	76
（既知）販売量との残差	8	−3	−1	−8	−4	−17	0

　2つ目は，どうしても販売割引，ネット広告，イベント情報を使って販売量を予測したいなら，次のような考えで再度回帰式を作ってみる価値があると考えられる。例えば，ネット広告（イベント情報）に有無のデータ（0か1）の代わりに実施内容の5段階の評価データ（すなわち，1〜5の値）を使って，その回帰分析によって回帰式を求めてみる[12]。

　さらに3つ目は，曜日ごとにおける販売量予測の回帰式を作ってみる。つまり，曜日ごとにおけるこれまでのデータを収集し，その回帰分析によって回帰式を求めてみる。

　以上述べたように様々な考え方によって各種の回帰式が作られる。一般的にどれが正確な回帰式であるかの判断は非常に難しいと思われる一方，各種の回帰式の利活用によってより的確な数理モデルの構築可能性が秘められているとも考えられる。ところが，各種の回帰式を作るのに種々のデータが必要である。つまり，データがないと回帰式が作れない。より的確な解決案が見つかるかは役立てるデータをどのぐらい入手できるかに左右される。ゆえにデータの質と量はビジネス課題解決に重要な役割を果たしているといえよう。

　本章では，ビジネス現場によく出会う，実用性の高い事例を使ってその数理モデル構築の考え方を例示し，利用可能なデータがあればあるほどより的確な数理モデルが構築される可能性が出てくると説明した。

　また，本章で紹介した数理モデル以外，実は様々な数理モデル[13]が考案されている。近年，ビジネス課題を様々なデータの活用によって定式化（数理モデル化）したうえで，定式化した問題の求解アルゴリズム（ソフトウェア）を見つけて，その求解アルゴリズムの活用によって問題の解決案を見つけようという課題解決手法は主流になりつつある。とりわけ，様々な数理モデルの精力的な研究は実務現場の様々な問題解決に貢献している。

　また，ビジネス分野の問題解決の有効なアイデアも知られている[14]。いまや定性より定量的な解決案を追求する経営現場では，本章に示されているようにこれらの問題解決の有効なアイデアにおける数理モデルを構築できるならば企業価値の創出に大いに寄与すると考えられる。今後は，その精力的な研究開発

に期待したい。

【注記】

1) 数理モデルといえば数式や図式を指す場合が多い。広い意味で，例えば，データ入力と結果出力の観点から，アルゴリズムも一種の数理モデルであると考えられる。

2) 回帰分析の解説に関する文献が数多くある。例えば，参考文献の 1，2，4 番目。

3) LP（linear programming）は線形計画法のことである。LP 問題（線形計画問題）は一種の最適化問題としてよく知られている。例えば，参考文献の 1 番目。

4) 本例の場合，グラフのサイズ（すなわち，節点数＝企業数）が小さいので，答えはすく確認されるが，一般的にグラフのサイズが増大すると最大グループを見つけることは難しくなる。例えば，参考文献の 5 番目。

5) グラフの作り方は，企業ごとに対応して 1 つの節点を作り，2 企業間に取引があればその 2 節点間に一つの辺（リンク）を作るのである。

6) 参考文献の 5 番目にグラフ理論の説明とネットワーク科学の面白い研究成果を掲載している。

7) 「データ」にソルバーがない場合，「ファイル」→「オプション」→「アドイン」→「設定」→「ソルバー」の順次選択によってソルバーがインストールできる。

8) 一般的に LP 問題の解は実数なので，ここで「四捨五入」形式で表示されている。本 LP 問題のパラメーター（パンの生産レシピー，使用可能量，1 個当たり生産利益）の現下の設定値のもとで「17,200」より大きい利益が得られないことも意味する。

9) 「データ分析」がなかった場合，ソルバーと同様にそのインストールができる。

10) Excel で求めた数値は「四捨五入」形式によって表示されている。以下同様。

11) 「販売割引」〜「（既知）販売量」は図表 11-1 の 1 週目のデータを使っている。

12) ここで具体的なデータなどを示していないが，その実現は可能と考えられる。

13) 数理モデル関連の書籍が結構ある。例えば，参考文献の 1，2，4，5 番目など。

14) 参考文献の 3 番目にいろいろなアイデアが紹介されている。

【主要参考文献】

梅谷俊治『しっかり学ぶ数理最適化―モデルからアルゴリズムまで』講談社，2020 年。

江崎貴裕『データ分析のための数理モデル入門　―本質をとらえた分析のために―』ソシム，2020 年。

小野義直・宮田匠『ビジネスフレームワーク図鑑：すぐ使える問題解決・アイデア発想ツール 70』翔泳社，2018 年。

浜田宏『その問題，数理モデルが解決します』ベレ出版，2018年。

バラバーシ（Barabasi, A.L.）著，池田裕一他監訳，京都大学ネットワーク社会研究会訳『ネットワーク科学：ひと・もの・ことの関係性をデータから解き明かす新しいアプローチ』共立出版，2019年。

第12章 デジタル技術によるサプライチェーンマネジメントの進展

第1節　サプライチェーンマネジメントによる企業活動の変革

(1) サプライチェーンマネジメント（SCM）

　サプライチェーンとは，原材料調達から消費者購入までのモノや情報の流れのことであり，供給連鎖とも呼ばれる。具体的には，「原材料調達」→「生産」→「物流」→「販売」といった一連の流れであり，パンの製造例で考えれば，「原材料として小麦などを調達する」→「パンを製造する」→「店舗まで運ぶ」→「店舗で販売する」という流れになる。関連企業やヒトからの視点で考えれば，「サプライヤー」→「製造企業」→「物流企業」→「小売企業」→「消費者」の流れとなる。このようなサプライチェーン全体を対象とし，部門間や企業間における業務の全体最適を図り，全体の付加価値を増大させるために計画・管理を行うことがサプライチェーンマネジメント（Supply Chain Management：SCM）である[1]（図表12-1）。SCMは，複数の部門や企業が連携し，モノや情報の流れを共有することで，サプライチェーン全体での効率化，コスト削減，そして顧客満足度の向上が目的とされている。

　SCMの対象には，物流（Physical Distribution）とロジスティクス（Logistics）も含まれる。物流とは，物的流通が略されたものであり，物資がサプライヤーから消費者へ移動する過程の活動のことである。物流の機能には，包装，輸送，保管，荷役，流通加工，情報の6つがある。ロジスティクスは，後方支援を意味する軍事用語のひとつであったものが，ビジネス用語として使われるようになった用語で，物流を戦略的に管理・運営する活動である。ロジスティク

図表12-1　サプライチェーンマネジメント（SCM）の概念図

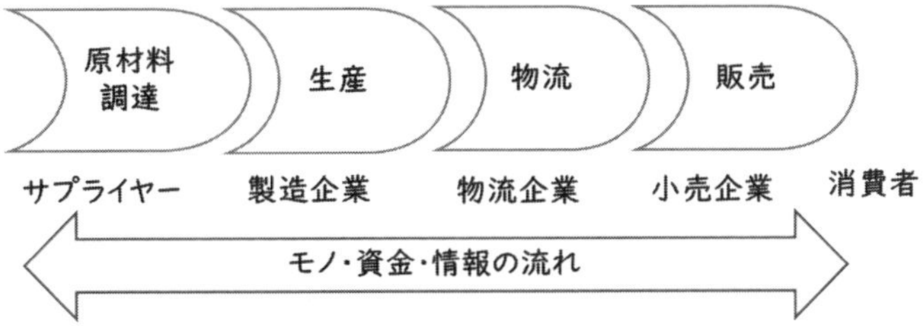

出所：著者作成。

図表12-2　物流とロジスティクスとSCM

用語	物流 (Physical Distribution)	ロジスティクス (Logistics)	サプライチェーンマネジメント (Supply Chain Management)
具体的活動	包装，流通，保管，荷役，流通加工，情報	発注・受注・出荷・入庫を管理する活動	調達・生産・販売・物流の計画と実行を支援する活動
特徴	物的流通の略	サプライチェーンの一部，戦略的物流	サプライチェーンの全体最適

出所：苦瀬博仁『サプライチェーン・マネジメント概論』白桃書房，2017年，24-31頁をもとに著者作成。

スの目的は「適切なモノを，適切な場所に，適時な時間に，適切な条件で，適切なコストで運ぶこと（Supplying the right product at the right place at the right time in the right condition for the right cost），すなわち5Rである」とされている[2]。物流，ロジスティクス，SCMの概念については，様々な見解があるが，それぞれの具体的活動と特徴については図表12-2のとおりである。

（2）SCMの企業活動への浸透

　SCMの概念は，1980年代にオリバーとウェーバー（Oliver, R.K. and Webber, M.D.）[3]によって提唱され，それ以来，多くの研究者がSCMの概念について様々な観点から議論してきた。当時，日本の製造業は世界的な競争優位を持ち，在庫を極力抑え，必要な時に必要な量の生産を行うことで効率を向上

させるなど，その経営手法で注目されていた。それらの経営手法については，体系的に理論化されるようになり，そのうちの一つに制約理論（Theory of Constraints：TOC）がある。TOCは，ゴールドラット（Goldratt, E.M.）によって提唱された経営手法で，ビジネス・プロセスの最適化に焦点をあて，企業が目標を達成するために，ボトルネックを特定し，ボトルネックを改善することにより全体最適を目指す手法である。1984年に出版された小説「The Goal」[4]の中で，TOCの概念をもとにした工場立て直しの原理や考え方を示している。特に，工場の生産ラインの中で，ボトルネックとなる工程をドラムとバッファーとロープの関係から説明している「ドラムバッファー理論」が白眉として知られている。TOCはサプライチェーンを最適化する手法であり，TOCが注目されたことを背景にSCMは浸透していった。

　1990年代には，SCMの学術的理論が進化し，SCMで生じる課題に対しての様々なアプローチが提案される。ハンドフィールドとニコルス（Handfield, R.B. and Nichols Jr, E.L.）は，「SCMとは，協力的な組織関係，効果的なビジネス・プロセス，高度な情報共有を通じて，受注処理プロセス，組織，活動を統合し，管理することである。協力的な組織関係，効果的なビジネス・プロセス，高度な情報共有を通じて，企業，顧客，そしてサプライヤーに持続可能な競争優位性を提供するパフォーマンスの高いバリュー・システムを構築することである。」[5]と定義している。このように，SCMは効率化を図る経営手法としてだけでなく，企業戦略としても重要視されるようになり，2000年代には，デジタル技術の進化とともに企業におけるSCMの活用事例が増えていく。2000年頃の研究では，コスト削減やサービス向上のためには，調達から販売に至るプロセスで関係する企業間の協力が必要であること，また，技術的に発展し始めているITの活用がSCMにとって重要であることが示されている[6]。2010年代に入るとさらに新しいデジタル技術の活用が次々に登場し，コストと時間がかかっていた情報収集やシステム構築のハードルが下がり，実際の企業活動においてSCMを適用しやすくなった。そして2020年以降，SCMの重要性がさらに高まっている。それは，2020年の新型コロナウイルス感染拡大

が，世界中のサプライチェーンに予測不可能な大きな影響を及ぼしたことに起因する。今後もサプライチェーンの全体に係る「不確実性」は高まることが想定されており，サプライチェーンの在り方が注目されている。現代のサプライチェーンに影響を与える具体的な要素は，需要の不確実性の増大，グローバル化，デジタル技術の進歩，リスク管理の必要性，環境への配慮，競争の激化，顧客の要求の多様化などがあげられる。

(3) ブルウィップ効果とその対応

　需要の不確実性にSCMでどのように対応すべきであるかは，従来から重要な課題である。例えば，企業間における情報の流れにおいて生じる現象として，ブルウィップ効果がよく知られている。ブルウィップ効果（鞭効果）とは，「サプライチェーンを構成する各事業がそれぞれ在庫を持つとき，小売業者から原材料・部品業に向かって次々に発注されていくために，在庫の変動が増える現象」[7]である。需要変動が大きければ大きいほど，各事業が品切れを回避するために各段階の発注量は，サプライチェーンの上流にいくにつれて鞭の動きのように増幅してしまう。このようなブルウィップ効果を避けるためには，サプライチェーン全体で各段階のエシェロン在庫を把握することが有効である。エシェロン在庫とは，物流センターや小売店の各事業の在庫だけでなく，輸送中の在庫も含めたサプライチェーンの全体の在庫のことである。エシェロン在庫は，サプライチェーン全体で実需情報を共有するための体制を構築することで把握することが可能である。現在は，実需情報として小売店でのPOS情報が公開されていることも多いが，活用するためのデータ標準化が不十分であり充分に活用できていない。情報共有のためには，サプライチェーン全体において，何がどこに，どれだけあるのかを可視化するトレーサビリティが重要であり，このトレーサビリティを追跡するためのRFIDやバーコードを活用したAICD（Automatic Identification Data Capture）のIT技術の認識と活用が喫緊の課題であることが指摘されている[8]。

(4) 進化し続けるSCM

　近年の社会情勢を表す言葉としてVUCA（Volatility（変動性），Uncertainty（不確実性），Complexity（複雑性），Ambiguity（曖昧性）の頭文字を取った造語）がよく用いられる。世界情勢やビジネス環境の予測が難しい混沌とした状況を指して用いられているが，SCMにおいてもVUCAへの対応が求められている。例えば，激しい需要変動に対応するために精度の高い需要予測によって生産や在庫を調整すること，自然災害や疫病などの不測の事態に備えるために複数の拠点やサプライヤーを保有すること，グローバル化における調達の複雑化に対応するためにIT活用と標準化を進めることなどの対応である。SCMでは，VUCA時代に対応できるサプライチェーンの形を俊敏かつ柔軟に構築することが重要である。

第2節　SCMと情報システム

　SCMにおいてモノと情報を共有し，全体最適を目標として計画管理を行っていくために，そして企業全体の効率化と競争力の向上のためには，スムーズに情報システムを連携させ，充分に機能させることが求められる。企業内の情報システムは，従来から顧客情報管理システム，統合基幹業務システム，製品ライフサイクル管理，製造実行システム，プログラマブル・ロジック・コントローラーなどがある。システムの概要は次のとおりである[9]。

①顧客情報管理システム（Customer Relationship Management：CRM）

　顧客情報を一元管理するシステムである。顧客の名前や住所などの属性情報だけでなく，過去の問い合わせや購入履歴などのコミュニケーション履歴も記録し，営業支援システムやマーケティング自動化システムと連携することで，より効率的に顧客情報を管理し，マーケティングや需要予測へ自動的に情報を提供することができる。

②統合基幹業務システム（Enterprise Resource Planning：ERP）

　企業の経営資源（ヒト・モノ・カネ・情報）をすべてまとめて管理し，可視化

するシステムである。人事や会計，販売，購買などの主要な業務の情報を統合することで，企業の状況を正確かつタイムリーに把握することができ，この情報をもとに経営戦略の立案や意思決定を行うことができる。

③製品ライフサイクル管理（Product Life-cycle Management：PLM）

　製品の企画から生産，販売，アフターサービスまでの製品ライフサイクルの全工程で発生する技術情報を，一元的に管理するシステムである。設計図や仕様書，テスト結果などの情報を統合することで，製品開発の効率化や品質向上，コスト削減が可能になる。

④製造実行システム（Manufacturing Execute System：MES）

　製造工程の流れや作業内容，作業指示をコンピューター上で管理するシステムである。機械や作業者の状況を，機械単位や作業単位で把握することで，生産効率を向上させ，製造コストを削減することができる。

⑤プログラマブル・ロジック・コントローラー（Programmable Logic Controller：PLC）

　装置や設備を制御するプログラムを管理する装置である。製造現場だけでなく，家電製品や建物設備，大規模施設など，様々な用途で用いられている。各装置や設備が実行する動作を事前に順序付けて記憶させることで，効率的・自動的に動かすことが可能である。

　SCMでは，これらのシステムが連携し，スムーズにデータ連携が行われることが必要である。企業内においては，階層を超えてシステムを連携した垂直統合を行い，サプライチェーンの構築により調達から生産，物流，販売の情報を統合することや，研究開発，企画，設計，生産準備を連携したエンジニアリングチェーンの構築による情報も水平統合することで，情報活用の範囲を広げることが可能である（図表12-3）。すべての情報が統合され，マネジメントに反映されることが期待されている。

図表12-3　企業のデータ連携（水平統合と垂直統合）

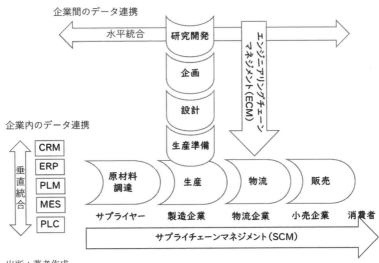

出所：著者作成。

第3節　SCMとデジタル化

(1) インダストリー 4.0 とデジタル化

　ビジネスにおけるデジタル化は，世界的に進展しており，各国における企業のビジネスモデルは大きく変革している。2011年にドイツで提唱されたインダストリー 4.0 は，製品，生産設備，基幹システムなどの企業資源が相互に通信・連携・データ共有することで，新たなデジタル技術を活用し，生産プロセスの効率化やマス・カスタマイゼーションをもたらすスマート工場を実現する手段として注目されてきた。スマート工場は，工場においてERP，MES，PLCなどと生産設備をすべてネットワークで結び，IoT（モノのインターネット）などによって各種データを収集し，分析活用をすることによって，業務プロセス，品質，そして生産性を向上させることができる。米国の「インダストリアル・インターネット（Industrial Internet）」，中国の「中国製造2025」など，各国で同様の産業政策が導入されており，日本でも「Connected Industries」や

製造業だけでなく社会全体に適用される「Society 5.0」が産業界や政府によって，積極的に進められている[10]。

　インダストリー4.0における主要デジタル技術には，IoT，クラウドコンピューティング，AI（人工知能），CAD，PLC，オートメーション・産業用ロボット，センサー・アクチュエーター，積層造形（3Dプリンタ），シミュレーション，その他の革新的なデータ交換モデルなどがあり，インダストリー4.0の実現によって，製品のカスタマイズ，リアルタイムのデータ分析，可視化の向上，自律的な監視と制御，動的な製品設計と開発，生産性の向上など，企業に多大な利益をもたらすことが期待されている[11]。

　製造現場やエンジニアリングチェーンのデジタル化が先行しているが，経営における意思決定を含めたサプライチェーン全体のデジタル化も特に活発化している。サプライチェーンのデジタル化は，インダストリー4.0の進展段階によって，①クラウド技術等を活用した「自社のリアルタイムでの把握・効率化・最適化」，②IoTなどでの情報収集やブロックチェーンを活用した情報共有によって「他社との連携によりサプライチェーンの可視化と最適化」，③AIやデジタルツイン等による「リスク予測分析と在庫・物流計画の反映」，の三段階にわけることができる[12]（図表12-4）。

図表12-4　サプライチェーンのデジタル化の概要

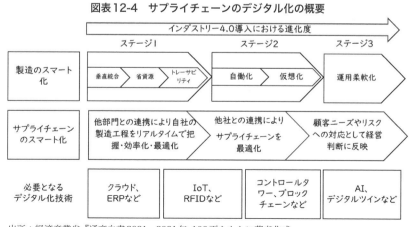

出所：経済産業省『通商白書2021』2021年，108頁をもとに著者作成。

（2）必要となるデジタル技術

　製造やサプライチェーンのスマート化に必要となるデジタル技術について説明する。

①IoT

　IoT（Internet of Things：モノのインターネット）とは，身の回りにある様々なモノをインターネットにつなげ，それらを相互につなげて情報交換したり，制御したりする技術のことである。例えば，スマートフォンやタブレット，家電，スマートウォッチなどのほか，センサーやアクチュエーター（駆動装置）なども IoT デバイスに含まれる。IoT の利活用は様々な分野で進んでおり，インターネットの接続端末以外にも，家電や自動車，ビル，工場など，世界中の様々なものがネットワークにつながるようになった。2020 年時点で世界の「IoT デバイス」は約253億個が稼働しており，今後，高成長が予測されている分野は，「医療」（デジタルヘルスケアの市場の拡大），「コンシューマー」（スマート家電や IoT 化された電子機器の増加），「産業用途（工場，インフラ，物流）」（スマート工場やスマートシティの拡大），「自動車・宇宙航空」（コネクテッドカーの普及）などである[13]。IoT デバイスが普及することで世界中のモノがインターネットで接続され，革新的な活用やアイディアなどによって，社会システムやあらゆる産業の変化が生じている。

②サイバーフィジカルシステム（CPS）とデジタルツイン（DT）

　サイバーフィジカルシステム（Cyber-physical system：CPS）とは，現実世界（フィジカル空間）で収集された情報をサイバー空間に取り込み，そのデータの分析，予測，制御などを行い，その結果を現実世界にフィードバックすることで最適な結果を導き出すという一連の概念をもとに構築されたシステムである[14]。CPS では，フィジカル空間とサイバー空間がより緊密に連携し，さらなる生産性の向上，コスト削減，新たな価値創造が期待される。CPS と類似した技術に，デジタルツイン（Digital Twin：DT）がある。DT とは，現実世界における実体をサイバー空間上に双子のように再現し，リアルタイムに可視化したものである。DT は，現実世界の物体をサイバー空間でモデル化することで，

フィジカル側とサイバー側で相互に通信や作用をし，現実により近い状況をリアルタイムにシミュレーションすることができる技術として捉えられている。

③シミュレーション

　シミュレーションとは，「対象とするシステムのモデルを構築し，モデルの操作によってシステムの挙動を再現しようとすること。モデルの違いによって，（1）待ち行列タイプのモデルを扱い，その混雑現象に着目して，待ち時間やスループットに関する性能を評価する離散型シミュレーション，（2）物理システムなど微分方程式モデルで規定されるシステムの動的挙動を再現する連続型シミュレーション，（3）その他，に分類できる。」[15]と定義されている。シミュレーション技法により，対象となるシステムを事前に評価したり，代替案を比較したり，新規のシステムやシステムの変更に伴うリスクや時間，コストを事前に検討することができる。サプライチェーンのような複雑なシステムを対象とした分析・予測などの実施には，離散型シミュレーションが有効な手法である。輸送システム，生産ライン，倉庫オペレーション，店舗オペレーションなど，サプライチェーンの各段階のシミュレーションモデルは，離散型シミュレーションのソフトウェアによって構築することが可能である。

（3）SCMとデジタル技術（IoT，CPS，DT，シミュレーション）の関係

　CPSの概念をもとにしてIoTなどのデジタル技術を駆使することにより，サプライチェーン全体の情報を把握することができる。例えば，物流倉庫内のIoTから収集したリアルタイムのデータは，「フィジカル空間」における物流倉庫内の製品ごとの在庫量の状況，製品の納品量，フォークリフトの稼働状況などのデータであり，これらのデータが「サイバー空間」のコンピューターやクラウドにリアルタイムに取り込まれる。物流倉庫のモデルとしてDTが再現され，リアルタイムにモデリングやシミュレーション，そして分析などがなされ，その結果が「フィジカル空間」にフィードバックされる（図表12—5）。フィードバックされた情報をどのようにビジネスに活かしていくかは企業によって異なる。企業は，フィードバックされた情報を活用するために独自の戦

142

略を立てて取り組む必要があり，情報活用能力や，分析・解析などのマネジメント能力が重要になる。

　SCMにおけるシミュレーションの効果は，サプライチェーンの可視化，意思決定の支援，リスク管理，顧客満足度の向上があげられる。サプライチェーンの各要素をモデル化することによって可視化でき，サプライチェーンの現状を理解することやボトルネックを発見することに役立つ。意思決定の支援としては，代替案を比較することができ，最適な意思決定のための結果を提供することができる。また，不確実性が高い現場においては，リスク検証のためにシミュレーションを実施し，その影響を事前に評価して，リスク対策をすることが可能になる。さらに，需要予測の精度を向上させ，顧客ニーズを満たすサプライチェーンを構築し，顧客満足度を向上させることも期待できる。

図表12-5　IoT，CPS，DT，シミュレーションの関係

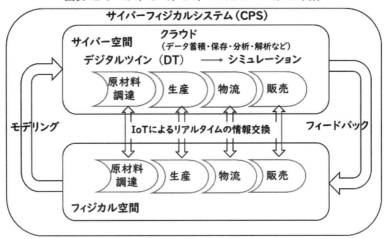

出所：著者作成。

【注記】

1) 髙桑宗右ヱ門『オペレーションズマネジメント』中央経済社，2016年，24頁。

2) 同上書，74頁。

3) Oliver, R. Keith, and Michael D. Webber. "Supply-chain management: logistics catches up with strategy." *Outlook* 5.1, 1982, pp.42-47.

4) ゴールドラット（Goldratt, E.M.）著，三本木亮訳『ザ・ゴール：企業の究極の目的とは何か』ダイヤモンド社，2001年。

5) Handfield, R. B., and Nichols Jr, E. L., *Introduction to Supply Chain Management*, Prentice-Hall, 1999.

6) 芦田誠，楊凱舜「サプライチェーン・マネジメントにおけるスマート化への進展過程」『拓殖大学経営経理研究』115巻，2019年，5〜21頁。

7) 苦瀬博仁『サプライチェーン・マネジメント概論』白桃書房，2017年，63〜64頁。

8) 圓川隆夫『現代オペレーションズ・マネジメント』朝倉書店，2017年，123〜127頁。

9) 経済産業省『2021年版ものづくり白書』2021年，87頁。
（https://www.meti.go.jp/report/whitepaper/mono/2021/pdf/all.pdf　2023年11月20日取得）。

10) 野村淳一・三輪冠奈「データ駆動型社会におけるデジタルツインに関する一考察」『日本情報経営学会第82回全国大会』日本情報経営学会，2021年，45頁。

11) Ghadge, Abhijeet, et al. "The impact of Industry 4.0 implementation on supply chains." *Journal of Manufacturing Technology Management* 31.4, 2020, pp.669-686.

12) 経済産業省『通商白書2021』2021年，108頁。
（https://www.meti.go.jp/report/tsuhaku2021/pdf/2021_zentai.pdf　2023年11月20日取得）。

13) 総務省『令和3年版情報通信白書』2021年，43頁。
（https://www.soumu.go.jp/johotsusintokei/whitepaper/ja/r03/pdf/01honpen.pdf　2023年11月20日取得）。

14) 三輪冠奈「サイバーフィジカルシステムとシミュレーション：IoT の利活用を目指したシミュレーションモデル」情報文化学会編集委員会編『情報文化学会誌』第24巻第1号，2017年，3頁。

15) 日本オペレーションズ・リサーチ学会「OR辞典」シミュレーション
（https://orsj-ml.org/orwiki/wiki　2023年11月20日取得）。

【主要参考文献・主要参考資料】

圓川隆夫『現代オペレーションズ・マネジメント』朝倉書店, 2017年。

苦瀬博仁『サプライチェーン・マネジメント概論』白桃書房, 2017年。

髙桑宗右ヱ門『オペレーションズマネジメント』中央経済社, 2016年。

三輪冠奈「サイバーフィジカルシステムとシミュレーション：IoT の利活用を目指した
シミュレーションモデル」情報文化学会編集委員会編『情報文化学会誌』第24巻
第1号, 2017年, 3 〜 10頁。

経済産業省『2021年版ものづくり白書』2021年
（https://www.meti.go.jp/report/whitepaper/mono/2021/pdf/all.pdf　2023年11
月20日取得）。

経済産業省『通商白書2021』2021年
（https://www.meti.go.jp/report/tsuhaku2021/pdf/2021_zentai.pdf　2023年11月
20日取得）。

第13章　情報通信技術によるデータ流通と
デジタルサービスの進展

第1節　データ流通の技術的進展と潮流

　現在，日本をはじめ諸外国では，デジタル化の進展やネットワークの高度化，スマートフォンやIoT[1]機器の普及により，ネットワーク上において膨大な量のデータが流通し，これらのデータを利活用・共有する様々なデジタルサービスが登場している。

　ここでデジタルサービスとそれを支える情報通信技術の変遷をみると，片方向のデータ発信の時代（Web1.0）から双方向のデータ共有の時代（Web2.0），そして分散型のネットワーク環境の時代（Web3）と3つのステージに整理することができる（図表13-1）。

　まず，Web1.0およびWeb2.0時代を振り返ってみると，1993年，郵政省（現総務省）によりインターネットの商用利用が許可されるとISP[2]事業などの

図表13-1　Web1.0 ～ Web3の変遷

	Web1.0	Web2.0	Web3
時期	1990年代～ 2000年代前半	2000年代後半～ 2010年代	2020年代～
データ・情報の流れ	一方向	双方向	分散型
デバイス	パソコン	＋スマートフォン	＋xRデバイス
主要サービス	Webページ，電子メールなど	＋SNS，電子商取引など	＋NFT，DAO，DeFiなど

出所：総務省「Web3時代に向けたメタバース等の利活用に関する研究会（第1回）」2022年，5頁をもとに筆者作成。

サービスがはじまり，1995 年の Microsoft 社 Windows95 の販売を受けて，日本でもインターネットが急速に普及しはじめた。

　ここでは情報の送り手と受け手が固定されており，企業や個人が作成した Web ページをユーザが閲覧する，電子メールでメッセージを送信するなど，プロバイダ（提供者・送り手）からユーザ（利用者・受け手）に向けての片方向の情報・データの流通が中心であった。

　またこの時代の Web コンテンツは，HTML を用いたテキストサイトが主流で，画像や動画コンテンツは少なかった。このように静的で，片方向のデータ流通が中心であった 1990 年代から 2000 年代半ばまでの期間を Web1.0 と称している。

　2000 年代に入り，世界最先端の IT 国家となるようブロードバンドの普及や安い料金設定などを掲げた e-Japan 戦略などを背景に，インターネットの利用形態は大きく変化していき，デジタルサービスも多様化していった。2005 年前後からブログや SNS といったコミュニケーションサービスや動画投稿サイトなどが次々と登場し，情報・データの双方向化の流れが生まれた。ここでは，技術的な知識のないユーザでも容易に情報を発信でき，また様々な発信主体のもつ知識や情報が組み合わさって"集合知"を形成するという特徴があげられる。さらに，2008 年の Apple 社 iPhone，2009 年の Google 社 Android OS 端末の販売開始から日本でもスマートフォンが急速に普及し，モバイル端末での SNS，動画サイト，ソーシャルゲームなどの利用を急増させている。

　この時代の Web コンテンツは，SNS や動画サイトへの投稿などユーザによって制作・発信されるコンテンツ（UGC[3]）が大きく膨らんでいる。また HTML だけではなく CSS[4] や JavaScript[5] などの開発が盛んにおこなわれ，ユーザビリティも大きく向上している。

　このように動的で，不特定多数のユーザ間で情報が相互に行き交う，双方向のデータ流通がすすんだ期間を Web2.0 と称している。

　一方，Web2.0 の時期には，ユーザが X（旧 Twitter）や Facebook，YouTube などから情報発信することによって，GAFAM[6] に代表される巨大プラット

フォーマーにデータが集中するようになった。

　プラットフォーマーが提供するデジタルサービスには，ネットワークへの参加者が多ければ多いほどそのネットワークの価値が高まり，さらに参加者を呼び込むという「ネットワーク外部性」がはたらく。その結果，多くのユーザを有するデジタルサービスは，さらにユーザを獲得することが可能となり，その規模を拡大していく傾向がみられる。

　これはプラットフォーマーへのデータの集積がさらに加速することを示唆しており，データ市場における競争環境の整備やデータの適切な取り扱いなどを考えれば，データ流通における新しい課題となっている。

　そして2020年代に入ると，データ流通の新たなあり方としてWeb3が注目されるようになる。

　Web3はブロックチェーン技術[7]を基盤とする分散型ネットワーク環境であり，特定のプラットフォームに依存することなく自立したユーザが直接相互につながり，双方向でのデータ利用，分散管理ができる。さらにはブロックチェーンに保存されたコンピュータ・プロトコルであるスマート・コントラクト[8]を活用することで，人手を介さずに契約などのやり取りを自動的に実行させるしくみが可能になる。

　Web3時代に入り，5Gネットワーク[9]，非代替性トークン[10]，メタバース[11]，デジタルツイン[12]，生成AI[13]といった新しい技術の開発・高度化がすすんでおり，新しいビジネスモデルの構築や社会課題解決の促進などの社会的インパクトが期待されている。

　現在のところ，Web3は萌芽的段階にある。Web2.0からWeb3へと移りゆくなかで，上述したように，データ流通では巨大プラットフォーマーへの行き過ぎた中央集権化（centralization）が起きているが，web3技術にもとづいた分散化（decentralization）への寄り戻しの議論が起きているところである。例えば認証や個人データの取り扱いなど，明らかに分散化が望ましい領域は存在するが，データ流通の中央集権化と分散化が共存する適切なバランスを模索している時期にあるといえる。

　またWeb3においてもプラットフォーマーが登場する可能性をはらんでおり，事前規制を含む競争政策とWeb3型新事業の育成の議論を同時並行的にすすめるべき時期にあるといえる。

　ここで重要なことは，急速な技術進化がすすむなか，Web3を現時点での技術ポートフォリオで評価するのではなく，注意深くその動向をフォローし，新しいプロジェクトに積極的に挑戦していくアプローチや立場である。

第2節　電子商取引と消費行動

　データ流通が技術的進展によって変化していくなか，Web2.0時代では主要なデジタルサービスとして，電子的におこなわれる商取引＝電子商取引が盛んにおこなわれるようになった。

　電子商取引の定義については，インターネットなどのコンピュータネットワークシステムを介して商取引がおこなわれ，かつ，その成約金額が捕捉されるもの[14]とされ，その市場領域については，参加する経済主体（行政，企業，消費者）をそれぞれ需給に分けると，9つの領域を確認することができる。これらの領域のなかでも企業－企業間（BtoB），企業－消費者間（BtoC），消費者－消費者間（CtoC）のそれは，市場規模や社会に与える影響の大きさから注目される領域となっている。

　また電子商取引では従来型の商取引に比べると，非対面取引，参入退出の容易性，インタラクティブ性，グローバル性といった特徴をもつが，特に「取引費用」の節減化という大きな特徴を有している。

　取引費用についてコース（Coase, R.H. 1937）やウィリアムソン（Williamson, O.E. 1975）の取引費用論の史的展開をみれば，その基本的特徴は「市場取引に関していえば，取引の一方の当事者取引相手を探索し，それと交渉し，契約し，契約の円滑な進行を監視し，契約不履行問題に対処するという，諸々の費用を含めたものである。またある種の紛争が発生したときには，その交渉費用が取引費用[15]」となる。また，主な取引費用を取引にかかわる事前事後的な段

階ごとにみるならば，①探索・情報にかかわる費用，②交渉・決定にかかわる費用，③監視・強制にかかわる費用となり，ここではWeb2.0時代での技術的進展により，①にかかわる取引費用をプラットフォーム構築とその利用，②にかかわる取引費用をオンライン・ネットワーク化および単品・個別管理，③にかかわる取引費用を取引および業務過程全般のネットワーク化，によって節減化することになる。

　こうした電子商取引の特徴のもと，特にBtoC電子商取引の市場領域は，2000年代後半から急速な拡大をみせている。

　電子商取引が堅調に発展していくなか（図表13-2），2019年12月にはじまったCOVID-19の世界的な感染拡大により，日本でもステイホームやリモートワークなど"新しい生活様式"にもとづいた日常生活を余儀なくされた。COVID-19禍での外出自粛の流れのなかでは，インターネットでの商品注文・購入，インターネットでの動画視聴，オンラインによるイベント配信，オンラインによる観光などの自宅で消費できる"巣ごもり消費"を伸ばし，日本の消費行動のデジタル化・オンライン化，デジタルサービスの利用をさらに加速させることになった。

　例えば同時期のBtoC電子商取引市場規模は，COVID-19禍前後を比較すると，物販系分野では1.39倍（2019年-2022年比）と拡大しており，またネットショッピングを利用した世帯の割合は1.23倍，支出金額についても1.18倍（ともに同年比）となっている。

　一方，BtoC電子商取引が発展するなか，私たちの消費行動も変化している。これまで消費者に重視されていた，"とにかく安くて経済的なものを買う"といった意識は下降傾向にあり，"買う前にいろいろ情報を集めてから買う""よい品質のものを買いたい"といった意識が高まり，自分が気に入った付加価値には対価を払う"プレミア消費型"へと消費意識が変化している[16]。

　またWeb2.0時代では，消費者同士がSNSなどを通じた無数のつながりをもつなかで，マスメディアで注目された財・サービスが爆発的に流行るという構図から，SNSなどのつながりから生まれる"バブル（泡・膜）"の内側で注目さ

図表13-2　日本における BtoC 電子商取引の市場規模

（十億円）

	2013	2014	2015	2016	2017	2018	2019	2020	2021	2022
デジタル系分野	1,102	1,511	1,633	1,778	1,948	2,038	2,142	2,461	2,766	2,597
サービス系分野	4,071	4,482	4,901	5,353	5,957	6,647	7,167	4,583	4,642	6,148
物販系分野	5,993	6,804	7,240	8,004	8,601	9,299	10,052	12,233	13,287	14,000
電子商取引化率	3.85%	4.37%	4.75%	5.43%	5.79%	6.22%	6.76%	8.08%	8.78%	9.13%

出所：経済産業省「電子商取引に関する市場調査報告書」各年度版をもとに筆者作成。

れた財・サービスがそれぞれのバブル内で流行るという構図へと変わり，消費
行動の多様化につながる変化が起きている。

　加えて，デジタル化やオンライン化，スマートフォン普及に伴い，消費者・
企業などの間で活用可能な財・サービスをシェアすることで生まれるシェアリ
ングエコノミーや，消費者が企業に定期的に定額の利用料金を払うことで財・
サービスを利用・体験できるサブスクリプションサービスも Web2.0 時代には
活発化している。特にシェアリングエコノミーでは，空間，モノ，移動手段，
スキル，お金をシェアするサービスが浸透しつつあり [17)]，ここでは CtoB といっ
た新しい領域での活用もすすんでいる。

　こうした電子商取引と消費行動の変化の潮流は，Web2.0 から Web3 へと進

展していくなかで，さらに大きな変化をみせている。

第3節　情報社会でもとめられるリテラシー

　前節までデータ流通の変遷とその利用をみたが，デジタル化による効用を最大限に活用するとともに，セキュリティなどのデジタル化の負の課題を解決するためには，ユーザのリテラシー向上が重要となってくる。

　例えば，基礎的なリテラシーをあげれば，様々な目的で利用されるアプリケーションではそれぞれの使い方が異なり，また必要なセキュリティ対策などが異なる。プロバイダ側にはUI/UX[18)]を改善したり，必要なセキュリティ対策をおこなうといった取り組みがもとめられるが，ユーザ側には操作方法を積極的に習得していくという基本的姿勢がもとめられる。また日々更新されるアプリケーション機能を有効に活用するために定期的にアップデートする，セキュリティに関しても適切なパスワード設定をする，といったリテラシー能力がもとめられる。

　そしてデジタルサービスへの理解も重要になる。例えば，前節でみたように，プラットフォーム事業者はユーザのクリック履歴など収集したデータを組み合わせて分析し，コンテンツのレコメンデーションやターゲティング広告など，ユーザが関心を持ちそうな情報を優先的に配信している。一方，ユーザはこうした情報を受け取り続けることにより，自身の興味のある情報だけにしか触れなくなり，あたかも情報のバブル（泡・膜）につつまれたかのような"フィルターバブル"と呼ばれる状態の内にいる傾向となる。このバブルの内側では，自身と似た考え・意見が多く集まり，反対のものは排除されがちになるため，インターネット上では集団分極化が発生する可能性が指摘されている。

　私たちは利活用しているデジタルサービスの特性などについて，十分な理解や知識をもつことがもとめられる。

　また情報社会が深化するなか，私たちの身のまわりには様々な情報が氾濫しているが，そのなかにはこれまで以上に多くの偽/誤情報も含まれており，い

わゆるインフォデミック[19]の危険性を指摘できる。

　ゴールドハーバー（1997）は，情報過多の社会においては供給される情報量に比べて消費者の関心・注目（アテンション）または消費時間は希少となるため，それらが経済的価値をもって市場で流通する経済モデル＝アテンション・エコノミーを指摘する。

　アテンション・エコノミーのもとでは，ユーザからより多くのアテンションを集めてクリックされ，広告収入を得ることを目的として作成された，不適切な内容や過激な内容，偽/誤情報が多く出回り，BOT[20]などによりその情報は拡散・増幅される構造がみとめられる。近年では，いくつかの語句を入力するだけで簡単にフェイク画像を誰でも作れるようになっており，AIを活用して作成した偽画像・偽動画が意図せずまたは意図的に拡散するという事例[21]も生じている。

　インターネット上には偽情報（Disinformation）や誤情報（Misinformation），悪意のある情報（Malinformation）が蔓延しており，私たちはこうした情報環境についての知識と十分な理解，そして自身が膨大な情報のなかから受け取った情報の真偽を見極めようとするリテラシー能力がもとめられる。

　なお，こうした偽/誤情報への対応策として，安易な法規制は"表現の自由"にネガティブな影響を与え，また限定的な運用でポジティブな効果を生み出したとしても，やがて拡大解釈されてネガティブな効果を生み出す"滑り坂"問題が発生してくる。ここでは国際的なルールづくり[22]やソフトローによるルール形成など慎重な枠組みづくりがもとめられる。またファクトチェック[23]のしくみについても，日本は諸外国にくらべて大幅に遅れており，その改善にむけて政府やサービス事業者が連携した効果的なしくみがもとめられる。

　Web3時代にもとめられる情報リテラシーは，情報社会が深まりをみせるなかでのリテラシー能力になる。リテラシーが十分にないことが原因で，デジタル化によるメリットが享受できず，取り残されてしまうことがないよう，正しい知識や理解，操作方法や技法をもって情報社会にのぞむことを心がけなければならない。

【注記】

1) Internet of Things の略。インターネットに産業用機器から自動車，家電製品まで様々なモノをつなげる技術のこと。

2) Internet Service Provider の略。インターネットに接続するためのサービスを提供する事業者を指す。

3) User Generated Contents の略。消費者であるユーザによって制作・発信されるコンテンツの総称。

4) Cascading Style Sheets の略。Webページのスタイルを設定するプログラミング言語。

5) Webブラウザ上で動作するスクリプト言語の一つで，動的なWebページを作成するために使用されるプログラミング言語。

6) Google, Amazon, Facebook（現Meta），Apple, Microsoftの米国の大手IT企業5社。

7) 情報通信ネットワーク上にある端末同士を直接接続して，取引記録を暗号技術を用いて分散的に処理・記録するデータベースの一種。

8) 一定の条件が満たされた場合に契約が自動的に実行されるように設計されたプログラム。

9) 2020年から開始された第5世代移動通信システム。

10) NFT（Non-Fungible Token）。ブロックチェーン技術を基盤にして複製や改ざんを難しくしたデジタルデータ。

11) インターネットを利用した3次元の仮想空間やサービス。

12) 現実の世界から収集した様々なデータを，双子であるかのようにコンピュータ上で再現する技術。

13) 画像，文章，音声，プログラムコード，構造化データなど様々なコンテンツを生成することのできる人工知能。

14) 経済産業省「令和4年度電子商取引に関する市場調査報告書」2023年，13〜14頁（https://www.meti.go.jp/press/2023/08/20230831002/20230831002-1.pdf 2023年12月31日取得）。

15) 植草益『公的規制の経済学』NTT出版，2000年，7頁。

16) 松下東子・林裕之『日本の消費者はどう変わったか―生活者1万人アンケートでわかる最新の消費動向―』東洋経済新報社，2022年（kindle版），214〜229頁。

17) 情報通信総合研究所「シェアリングエコノミー関連調査2022年度調査結果」2023年，4頁。

18) User interfaceの略，サービスやプロダクトとユーザの接点を指す。User experienceの略，サービスなどの利用を通じてユーザが得る体験を指す。

19) 情報（Information）と，感染症の広がりを意味するエピデミック（Epidemic）を組み合わせた造語。ネットなどで噂やデマも含めて大量の情報が氾濫し，現実社会に影響を及ぼす現象を指す。2020年，WHOがCOVID-19の感染拡大とともに世界に警戒を呼びかけた。

20) 一定のタスクや処理を自動化するためのアプリケーションやプログラム。

21) 例えば，日本の事例では，静岡県の水害時に拡散したデマ投稿（2022年）や岸田文雄首相のディープフェイク動画（2023年）がある。

22) 例えば，2023年に高度なAIシステムに関する国際的なルール作りを行うために立ち上げられた「広島AIプロセス」などがある。

23) 社会に広がっている真偽不明の言説や情報が事実に基づいているかを調べ，正確な情報を人々と共有する真偽検証活動。

【主要参考文献・主要参考資料】

植草益『公的規制の経済学』NTT出版，2000年。

松下東子・林裕之『日本の消費者はどう変わったか―生活者1万人アンケートでわかる最新の消費動向―』東洋経済新報社，2022年。

経済産業省「令和4年度電子商取引に関する市場調査報告書」2023年（https://www.meti.go.jp/press/2023/08/20230831002/20230831002-1.pdf　2023年12月31日取得）

情報通信総合研究所「シェアリングエコノミー関連調査2022年度調査結果」2023年（https://sharing-economy.jp/ja/wp-content/uploads/2023/01/ba17be8cd0317277bce1e02bd718f05e.pdf　2023年12月31日取得）。

総務省『令和5年版情報通信白書』日経印刷，2023年。

Williamson, O.E "Markets and Hierarchies", New York: Free Press, 1975年。

（浅沼萬里・岩崎晃訳『市場と企業組織』日本評論社，1980年）。

Coase, R.H."The Nature of the Firm" Economica, vol.4, 1937, pp.386-405.

Goldhaber, M.H. "The Attention Economy and the Net" First Monday, 2(4), 1997.

第14章　コンテンツビジネス

第1節　「コンテンツビジネス」とは何だろう

　本章では,「コンテンツビジネス」についてみていく。皆さんは「コンテンツ」という言葉から, どのような「モノ」を連想するだろうか。物理的なアイテムとしての「物」なのか, 視覚や聴覚に訴えかける形を伴わない「モノ」なのか, あるいは, 人物やキャラクタなどといった「者」を連想する人もいるだろうか。辞書[1]を引き,「コンテンツ」の項を読んでみると,

1　内容物。容器や郵便物などの中身。

2　書籍の目次。

3　教育や娯楽などのためにつくられる, さまざまな表現活動の内容。映像・音楽・書籍・コンピューターゲームなど。「コンテンツ産業」

4　インターネットなどの情報サービスにおいて, 提供される文書・音声・映像などの個々の情報。デジタルコンテンツ。「モバイルコンテンツ」

と書かれている。指し示す範囲は色々とある様に読めるものの, どうやら,「内容」・「中身」を指している点では一貫していそうだとも言える。つまり, 外側——「ガワ」があって「中身」がある。その「中身」のことを「コンテンツ」というらしい。「コンテンツ」を「content(s)」として英和辞書を引いても,「中身」,「内容物」,「内容」といった意味が返ってくる。では「コンテンツビジネス」といえば, 何を売って, あるいは買っているのだろうか。

第2節　「ポケモン」で考えてみると

　抽象的な話ではイメージが掴みづらいので，具体的な名前を想像しつつ考えてみよう。例えば「ポケモン」は「コンテンツ」だろうか。「ポケモン」の「ゲーム」や「カード」が「コンテンツ」だろうか。いやそもそも，「ポケモン」と言ったときに，この言葉は「ゲーム」や「アニメ」の「タイトル」を指しているのだろうか？「ピカチュウ」や「ゲンガー」などの「ポケモン」（という種）について，言っているのだろうか。そもそも，辞書では「コンテンツ」を「内容」や「中身」のことと言っていたような気もする。「ポケモン」にとっての「内容」・「中身」とは？「ポケモン」，『ポケットモンスター』から連想される「モノ」は実にたくさんあるが，皆さんにとってそのうち何が「コンテンツ」，「コンテンツビジネス」とイメージできるだろうか。

　ポケモンに関連する「ビジネス」，「商品」を色々とあげてみよう。やはり，まずは「ゲーム」だろうか。1989年発売の携帯ゲーム機「ゲームボーイ」向けソフト『ポケットモンスター赤・緑』から始まるシリーズ，第二世代『金・銀』，第三世代『ルビー・サファイア』，第四世代『ダイヤモンド・パール』，第五世代『ブラック・ホワイト』，第六世代『X・Y』，第七世代『サン・ムーン』，第八世代『ソード・シールド』，第九世代『スカーレット・バイオレット』。派生作品やリメイク作品は除き，「正史」[2]となるメインのシリーズだけでもこれだけの作品があり，それぞれに個性豊かな「ポケモン」が登場し，シリーズ全体では1,000体以上の種類が存在する。

　「正史」以外の関連ゲーム作品となると数はさらに増える。ここですべてあげることは現実的でないので，認知度の高さや比較的最近の代表的なタイトルとしては，『ポケモンGO』，『ポケモンマスターズ (EX)』，『Pokémon UNITE』，『ポケモンスリープ』などのスマートフォン向けアプリなどをあげる人が多いだろうか。あるいは幼少期に遊んだアーケードゲームとして，『ポケモンバトリオ』，『トレッタ』，『ガオーレ』，『メザスタ』などの「物理的」な

「物」の収集要素を持つシリーズをあげる人もいるだろうか。

　続いて「ポケモン」関連の「コンテンツ」をイメージする上では, やはり,「ア
ニメーション」をあげる人も多いだろう。主人公「サトシ」と相棒「ピカチュー」
の旅路を描いた『アニメ ポケットモンスター』シリーズは1997年の放送開始
から, 2023年に至るまでの26年間にわたり放映され, その間, 関連作として
映画作品23作品[3] も公開された。サトシとピカチューを軸とした物語が終了
した後,「テレビアニメ」シリーズは人間側の登場キャラクタを一新し, 新主
人公に「リコ」と「ロイ」を据えた新シリーズがスタートした。それだけでな
く, 正史となる「ゲーム」の最新作『スカーレット・バイオレット』の舞台に
準拠した, オリジナルWEBアニメシリーズ『放課後のブレス』を「YouTube」
で展開したり,「NETFLIX」と共同制作で『ポケモンコンシェルジュ』を展開
したりと, 従来のアニメーション展開とは異なる軸での展開が進んでいる。

　「サトシとピカチューの物語」を終えて, 新たにこれらの展開が始まったと
いう点だけを見ても,「ポケモン」の「アニメ」という「コンテンツ」展開に
おいて, 何らかの方針転換があった, と想像できるだろうし, 物語の軸が「サ
トシとピカチューの成長譚」から,（視聴者が感情移入できる）「多様なキャラク
タと様々なポケモンとの触れ合い」に軸が移されていることに気付く人もいる
かもしれない。では, この方針の変更は「ポケモン」の「コンテンツビジネス」
において, 何が目的で行われたのだろうか。誰が, その方針を決め, 展開を決
めているのだろうか（この話は次節でふれる）。

　その他にも,「ポケモン」の「商品」といえば,「ポケカ」こと「ポケモンカー
ドゲーム」が「トレーディングカードゲーム」市場において大きな存在感をもっ
ているし, フィギアやぬいぐるみ, 玩具などもあれば, 日用品にポケモンのイ
ラストなどを使用したアイテムもあげられるだろう。

　では改めて,「ポケモン」である「ピカチュウ」や「ニンフィア」,「マスカー
ニャ」は「コンテンツ」といえるだろうか, いえないだろうか。あるいは「商
品」でなくとも,「ポケモンジェット[4]」や, 例えば無料配信で「アニメ」作品
をユーザーに送り届けることは「コンテンツビジネス」なのだろうか。

第3節　「IP」として捉える

　コンテンツ業界において用いられる言葉の一つに，「IP」というものがある。情報通信分野で「IP」といえば，インターネットを実現するプロトコル，「Internet Protocol」の「IP」をイメージする人もいるし，著作権や商標権など，いわゆる知的財産権，「Intellectual Property」の略語として「IP」をイメージする人もいる。コンテンツ業界における「IP」は，後者の「知的財産」の流れにあるもので，「コンテンツ」を扱う会社の「知的財産」として，その会社の有する「キャラクタ」や「作品」を指し「IP」と表現する場合が多い。要は「コンテンツ」といってもその言葉の意味が広範なので，「キャラクタ」や「作品名」を「IP」として括る，という形がイメージしやすい。さらに簡単に言ってしまえば「マリオ」や「カービィ」は「IP」であり，「IP」を活用して展開するビジネスが「IPビジネス」である。「IPビジネス」で売り買いする「モノ」（もちろん物理的な「物」に限らない）が「コンテンツ」である，という捉え方である。コンテンツは「内容」・「中身」という話があったが，「IP」という「知的財産」を「映像」や「音楽」，「TVアニメ」や「ラジオドラマ」，「雑誌の漫画」などの「ガワ」に準じて「表現」すれば，「コンテンツ」となり，これを売り買いすれば「コンテンツビジネス」となる。

　そうすると，「コンテンツビジネス」とは「IPを活用したビジネスの一つの形態」と見て取ることができる。具体的に，「ポケモン」を「IP」として捉えた場合，先述の通り「ゲーム」や「アニメ」，「カード」や「フィギア」といったグッズなど，その「IP」を活用した「コンテンツ」は多岐にわたる。「IP」を持つ会社が，その「IP」を活用した「IPビジネス」を行う時，「ゲーム」という「コンテンツ」として売ったり，「カードゲーム」という「コンテンツ」として売ったりする。時には「IP」に登場する「キャラクタ」といった「IP」の「ぬいぐるみ」を「コンテンツ」として売る，ということもあるだろう。この時重要なのは，「IP」を持つ者が必ずしも自分で「コンテンツ」をつくり売

るとは限らない点である。「IP」の利用を許諾して，他社に自社の「IP」を用いた商品をつくり，売ってもらい，その利益を配分してもらう，ということも可能となるからだ。つまり，「IPビジネス」の根幹は，「IP」を使用したビジネス＝「IPの使用を許諾（ライセンス）するビジネス」，とみることもできる。

　一方，「ポケモン」に関連する様々な「コンテンツ」すべてを，一つの会社で管理から制作まで行うことは不可能に近い。前述の通り，「ゲーム」だけでもたくさんのシリーズがあり，映像作品も様々な制作会社が制作している。「グッズ」についても，玩具もあれば，お菓子やハンカチといった日用品まで様々だ。もしあなたがそうした「ポケモン」関連「コンテンツ」の数々を，どこかの企業で「企画する側」でなく，様々な企業から商品企画を提案され，その「一つ一つ」についてチェックを行い，ポケモンのブランドを守りつつ，商品化を「許諾＜ライセンス＞する側」とイメージすると，「IPビジネス」/「コンテンツビジネス」の全体像が見えると同時に，巨大な「IP」であればあるほど，「IPビジネス」/「コンテンツビジネス」を行う大変さがイメージできるかもしれない。

　「ポケモン」の場合，実際に「IP」を管理する会社が「株式会社ポケモン」となる。「株式会社ポケモン」は，正史となるゲームシリーズのプロデュース[5]だけでなく，『ポケモンGO』などのタイトルも米「Niantic」と共同開発しているし，「ポケモンカードゲーム」の販売も行っている。アニメシリーズの制作にも深い部分でかかわっているし，グッズの販売ストアである「ポケモンセンター」の運営も行っている。それらのビジネスはいわば「ポケモン」の「コア」部分ともいえるが，それ以外にも，先程あげたようなポケモン関連グッズやポケモンを使用したイベント企画などの許諾も行っている。つまり，「株式会社ポケモン」の売り上げをみていけば，「ポケモン」という「IP」の成長度合いを知ることもできる，ということにもなる。

　ここで「株式会社ポケモン」の執筆時点で最新の売り上げがわかる『官報』に掲載された「決算公告」を見てみよう。「株式会社ポケモン」の2023年2月期の決算は，売上高2,345億2,800万円（前期比14.8％増），営業利益666億4,500

図表14-1　「株式会社ポケモン」第25期 決算公告

第　25　期　決　算　公　告			
令和5年5月29日	東京都港区六本木6丁目10番1号 **株式会社ポケモン** 代表取締役社長　石原　恒和		**損益計算書の要旨**（自　令和4年3月1日 至　令和5年2月28日）（単位：百万円）

貸借対照表の要旨（令和5年2月28日現在）（単位：百万円）

科　　目	金　額	科　　　目	金　額	科　　　　目	金　額
流 動 資 産	205,052	流 動 負 債	46,630	売 上 高	234,528
固 定 資 産	12,277	固 定 負 債	241	売 上 原 価	117,880
		株 主 資 本	170,357	売 上 総 利 益	116,647
		資 本 金	365	販売費及び一般管理費	50,002
		資 本 剰 余 金	251	営 業 利 益	66,645
		その他資本剰余金	251	営 業 外 損 益	2,460
		利 益 剰 余 金	169,792	経 常 利 益	69,105
		利 益 準 備 金	91	特 別 損 益	1,065
		その他利益剰余金	169,701	税引前当期純利益	70,171
		自 己 株 式	△51	法人税、住民税及び事業税	21,687
		評価・換算差額等	100	法人税等調整額	△370
		その他有価証券評価差額金	100	当 期 純 利 益	48,854
資 産 合 計	217,329	負債・純資産合計	217,329		

出所：「官報決算データベース」[6]より。

図表14-2　「株式会社ポケモン」直近5年の決算

決算末日	売上高	純利益	利益剰余金	総資産
2023年2月28日	2,345億2,800万円	488億5,400万円	1,697億9,200万円	2,173億2,900万円
2022年2月28日	2,042億　900万円	413億9,200万円	1,209億3,700万円	1,785億6,300万円
2021年2月28日	1,200億1,900万円	186億3,000万円	795億4,500万円	1,052億5,700万円
2020年2月29日	—	153億6,700万円	609億1,500万円	831億5,100万円
2019年2月28日	—	133億8,900万円	455億4,700万円	607億2,300万円

出所：「官報決算データベース」を元に筆者作成。

万円（同11.4％増），経常利益691億500万円（同11.1％増），最終利益488億5,400万円（同18.1％増）の増収増益で，「過去最高」の業績となっている。

　直近5年の決算一覧でみても，とても大きな成長が続いていることがわかる。「株式会社ポケモン」は「ポケモンが末永く愛されること」を社の目的に掲げ「ポケモン」という「IP」関連のビジネスのみを行う会社であるので，つまりは「ポケモン」という「IP」を活用した「IPビジネス」，「コンテンツビジネス」はまだまだ拡大の中にあることになる。先の節で「ポケモン」の「アニメ」という「コンテンツ」において大きな方針転換が行われたことに触れたが，「株式

会社ポケモン」が「IP」を統括的に管理し、「IP」を多面的に展開し、ブランド全体を成長させる努力を続けているからこそ売り上げも伸びている、といえるかもしれない。言い換えれば、「IPビジネス」においては、「IP」全体をコントロールする存在が重要と見て取ることもできるだろう。

第4節　「コンテンツ市場」側からみてみると

　「ポケモン」という「IP」側の視点から「コンテンツ」を眺め観てみると、様々な表現形態へと展開していることが伺えた。今度は逆に、「コンテンツ」の展開先である「市場」側から見てみると、どの様な景色となるだろうか。ここでは「コンテンツ」形態の一つである「映画」に目を向けてみよう。図表14-3は2023年の映画の興行収入ランキングTOP10となっている。その上で、このタイトル達を「原作は何由来か」によって分類してみよう。

カテゴリ①…漫画・コミックが原作
　1位は『SLAM DUNK』（1990年，井上雄彦，集英社），3位は『名探偵コナン』（1994年，青山剛昌，小学館），5位は『キングダム』（2006年，原泰久，集英社）8

図表14-3　2023年 映画興行収入ランキング TOP10

順位	タイトル	興行収入
1位	THE FIRST SLAM DUNK	157.4億円
2位	ザ・スーパーマリオブラザーズ・ムービー	140.2億円
3位	名探偵コナン 黒鉄の魚影	138.8億円
4位	君たちはどう生きるか	87.1億円
5位	キングダム 運命の炎	56億円
6位	ミッション：インポッシブル デッドレコニング PART ONE	54.3億円
7位	ゴジラ-1.0	48.6億円
8位	ミステリと言う勿れ	47.6億円
9位	劇場版TOKYO MER 〜走る緊急救命室〜	45.3億円
10位	映画ドラえもん のび太と空の理想郷	43.4億円

出所：東洋経済[7]，シネマトゥデイ[8]などをもとに筆者作成。

位は『ミステリと言う勿れ』(2016年，田村由美，小学館) 10位は『ドラえもん』
(1969年，藤子・F・不二雄，小学館) と，TOPの10作品中5作品は「漫画」・「コ
ミック」が原作となっている。ただしこれらの作品はすべて，TV放送でのア
ニメ化やドラマ化を経ているため，原作の「漫画」・「コミック」の人気，影響
力に加えて，「放送」の影響力も併せもっていることになる。これらの順位は「IP」
の総合力としての結果，ともいえるだろう。

カテゴリ②…ゲームが原作

　2位は任天堂が世界に誇る「IP」，『スーパーマリオブラザーズ』が原作のハ
リウッド映画となっている。「ゲーム」や「アニメ」が原作のハリウッド映画
の場合，通常は「映画製作スタジオ」が，「IP」を所有する会社から映画化権
を取得した上で制作が行われる。この時，「映画製作スタジオ」の意向によっ
て原作の設定を映画向けに変更することもある。(よって時として原作に忠実でな
い映画が生まれたりもする。) 任天堂も過去に一度，『スーパーマリオ 魔界帝国の
女神』(1993年公開，監督Rocky Morton, Annabel Jankel) という作品において，
実写映画制作を許諾した流れがあったが，完成作品は必ずしも原作ファンの期
待に応えたとは言い難い作品が生まれた。そこから30年，本作品の制作にあ
たっては「任天堂」とハリウッドの大手「映画製作スタジオ」である「ユニバー
サル・ピクチャーズ」が共同出資し，「任天堂」と『ミニオンズ』シリーズで
著名な3DCG映画制作スタジオ「イルミネーション」との共同製作となって
いる点が，従来の，「ゲーム」を原作にもつ「IP」のハリウッド実写映画化と
大きく異なる点であり，「IP」を持つ側が，「製作資金を出し，作品制作につい
ても関わる」という異例のスタイルとなった。今作が世界的に大ヒットした点
から見ても，第三節でみたとおり「IP」を「コンテンツ」の分野を超えてコン
トロールする存在の大きさが成果につながった，ともいえる。

カテゴリ③…著名スタジオ・監督による原作

　4位『君たちはどう生きるか』は，「スタジオジブリ」，あるいは「宮崎駿」

監督最新作，として認識されることが大きいだろう。（厳密には本作品は1937年に出版された吉野源三郎著『君たちはどう生きるか』からタイトルをもってきており，この本が主人公に大きな影響を与えている場面も存在するが，スタジオが原作として使用していない旨，明言している。）

「スタジオジブリ」は映画作品を中心として製作するスタジオとして活動を続けてきており，『魔女の宅急便』（原作は1982年，角野栄子の同名作）や『ハウルの動く城』（原作は1986年，ダイアナ・ウィン・ジョーンズ作『魔法使いハウルと火の悪魔』）など，著名な原作小説に独自の脚色を加えて映画化する場合もある。ちょうど，『ザ・スーパーマリオブラザーズ・ムービー』とは逆の，というよりは，従来型の映画制作手法であり，原作から設定が変わる点も多いが，（原作のファンの意向はさておき）映像作品としての満足度は全体的に高い，といった傾向がみられる。（『IP』を持つ側でない「コンテンツ」展開の成功事例，といえるだろう。）

しかしスタジオとしてはあくまで，『となりのトトロ』『もののけ姫』や，『千と千尋の神隠し』など，どの作品も認知度の高い，オリジナルの映画作品の制作が中心となっている。「IP」の観点から見れば，有名「IP」を数多く保有する「スタジオジブリ」であるが，「IP」として以後展開した「映像コンテンツ」，つまり続編やシリーズとなると『めいとこねこバス』，『巨神兵東京に現わる』など短編となりほとんど例がなくなる。この時，「スタジオジブリ」というブランド自体が「IP」ではないか，という観点を持つ人もいるかもしれないが，あくまでジブリは「IP」を保有する制作スタジオ，「IPホルダー」であり，グッズなどの「コンテンツ」展開はあっても自社「IP」を活用した「映像コンテンツ」については消極的なスタジオ，と見て取れる。ただし，2023年に日本のキー局である「日本テレビ」が「スタジオジブリ」を子会社化したことで，今後ジブリがもつ過去作の「IP」をもとにした「映像コンテンツ」の企画開発が進む可能性，例えば『千と千尋の神隠し』に登場した「湯屋」を舞台にしたスピンオフ，TVアニメシリーズ制作といった戦略が親会社の下で描かる可能性はあるかもしれない。この様に「IPビジネス」とは「権利」のビジネスであるので，

「IP」を有する会社を買収すれば，その「IP」を活用したビジネスを行うことが（それが市場に受け入れられるかは別として）可能となる。このことは「コンテンツビジネス」を考える上でも重要な要素といえる。

カテゴリ④…テレビドラマシリーズが原作

6位の『ミッション：インポッシブル』はアメリカ発，日本では『スパイ大作戦』の名前で親しまれた1966年のテレビドラマシリーズが原作。映画版の全作で主演を務めるトム・クルーズが製作として参加し，自身が設立した「クルーズ/ワグナー・プロダクションズ」が映画化権を取得したことから本映画シリーズがスタートしている。（ただし，1990年（日本では1991年）のTVシリーズ終了以降，TV向けには「IP」が展開していないため，2023年の映画としての観客動員にあたっては，ほぼ映画シリーズのみの知名度での戦いとなっているといえる。）9位は日本のキー局であるTBSの主力ドラマ枠「日曜劇場」発のドラマ，『TOKYO MER ～走る緊急救命室～』の映画版となっている。

カテゴリ⑤…映画シリーズが原作

映画TOP10の内，映画自体を原作にもつ「IP」は7位のこの1作，1954年公開の『ゴジラ』を原点とした本作だけとなる。実写映画としては30本目の節目の作品となった。

以上，「IP」の観点から「映画コンテンツ」の市場をみてみると，この市場は『君たちはどう生きるか』のような，「映画コンテンツ」として最初として制作された「オリジナルタイトル」，つまり「新規IP」の勝負の場，というよりは，様々に展開する「IP」同士の戦いにおける戦場の一つとなっていると見て取れる。『名探偵コナン』『マリオ』『ゴジラ』『ドラえもん』という「IP」，それぞれが「映画コンテンツ」という一つのメディア，形態において勝負している，ともいえるだろう。他メディアに「IP」展開していない，「映画コンテンツ」市場だけで勝負している「IP」だと，『君たちはどう生きるか』『ミッショ

ンインポッシブル』の2作品だけとなる（『ゴジラ』は「TVアニメ」などが展開）。

TOP10の状況をシンプルにまとめれば，10作品中8作品は「IP」展開の一つの「コンテンツ」として「映画」があるということであり，「映画コンテンツ」市場においては，その「IP」が持つ別「コンテンツ」の影響力を含めた「IPビジネス」全体の影響力での動員に繋がっていると考えられる。この視点で見ると，特に，「漫画」「コミック」を原作に持ち，且つ映像化されている「IP」の影響力の大きさが伺える時代になった，といえる。

第5節 「YouTuber」は「コンテンツ」？

では，さらに異なる側面からこのビジネスを見つめてみよう。本文を読む人の多くは「YouTuber」や「VTuber」といった「ストリーマー」の「配信」を見たことがあるという人も多いと思われる。では「ストリーマー」がアウトプットするどこからが「コンテンツ」だろうか。日々の「雑談配信」も「コンテンツ」となると，「SNS」での投稿も「コンテンツ」となるのか？では「配信」を行わずとも，その人が発言すればそれは「コンテンツ」となるのか…？極端には，ファミレスで友人と雑談するだけでも，それは「コンテンツ」なのだろうか。…などと思考を巡らせると，これらを「コンテンツビジネス」として紐解く要素がまだ足りてないと感じるかもしれない。大事なのは「コンテンツビジネス」には必ず売り買いあるいは流通する「場」があるということだ。「映画コンテンツ」市場であればその「場」を提供する「興行主」の存在がある（図表14-4）。

「送り手」である「映画製作スタジオ」が映画を送り届け，「受け手」である「ユーザー」が映画を受け取る「場」，この「場」を提供するのが「興行主」，つまり「プラットフォーム」である。「コンテンツビジネス」というと，「送り手」と「受け手」の二者をイメージしがちだが，映画を上映する「興行主」＝「映画館」側から見ても各作品は大事な「コンテンツ」となる。

「映画コンテンツ」市場に「送り手」と「受け手」，その中間に「場」がある

図表14-4　映画製作・配給・興行の流れ

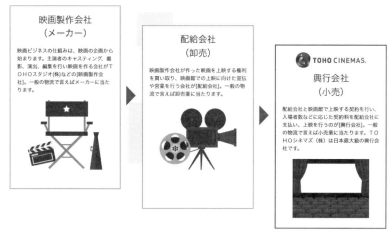

出所：TOHOシネマズの事業案内9) より。

ように，「配信コンテンツ」市場においても，「送り手」「受け手」と「場」が存在する。本節の最初の疑問に話を戻せば，「YouTuber」であれ誰であれ，ただ一人の空間で話すだけであっても，誰にも読まれない日記を記したとしても，何かしらの創作性のある表現として音楽や映像,文字などのメディアに「定着」させれば，それは「コンテンツ」といえるだろう。だが誰にも届かないままでは「コンテンツビジネス」となりえない。逆に，著名な「ストリーマー」が，ファミレスで友人と雑談するだけであっても，それを聞きたい，言う人がいれば「コンテンツビジネス」として成立する。つまり，「送り手」と「受け手」とマッチングして初めて，「コンテンツビジネス」は成立するといえる。

　従来の「コンテンツビジネス」の最大の障壁は，マッチングする「経路」の確保の難しさにあったといえ,映画と異なり,「配信コンテンツ」市場の強みは，「送り手」側の参加しやすさと「受け手」側の見やすさ，にあるといっていい。双方にiPhone一つあれば始められる手軽さである。従来であれば，ファミレスでの雑談を「コンテンツビジネス」とする難易度が高かった，ともいえる。そして，この「場」,「プラットフォーム」を提供するのが「YouTube」を運

営する「Google」だ。「プラットフォーム」を提供する主体を「プラットフォーマー」という。

　「YouTube」の場合，「Google」にとっての収益の大半が広告収入によるため，より多くの人が配信を行い，より多くの人が見てくれる「場」を育てることで広告価値が向上する。そしてその広告収益はより再生数を稼ぐ人々に手厚く配分されるため，「ストリーマー」にとっては再生数を集める，多くの人に見てもらう動画をつくる動機づけが大きなものとなる。ただし，経路が短くなり，且つ再生数が第一の指標となることで，弊害も生まれている。端的に言えば，「炎上」させてでも再生数を稼ぐことが合理的となる人々も存在するからだ。このことが「コンテンツビジネス」だけではなく，社会全体に悪影響を及ぼす形になってくると，何かしらの「規制」によって，そうした自由が制限される可能性も出てくるだろう。

　さて，ここまで見てきた通り「コンテンツビジネス」を眺め見る上では様々な分野の理解を深める必要がある。本章では字数の都合からその入り口部分の紹介しか行えない。例えば「受け手」視点についてほとんど言及していないが，「受け手」にとって「コンテンツ」の重要な要素を占めるのが「体験」である。第一章でも言及されている「ユーザー体験」は，「コンテンツ」にとってどのような位置を占めるだろうか。またあるいは，「受け手」からすれば「推し」の概念もとても大切なものである。また，「場」を提供する「興行主」「プラットフォーマー」の視点も重要だ。「スタジオジブリ」は「IPホルダー」であると説明したが，は「興行主」からすれば「コンテンツ」に見えるかもしれない。人気の「YouTuber」も「プラットフォーマー」である「Google」からすれば，やはり「コンテンツ」に見えるかもしれない。そうなると，「プラットフォーマー」は「コンテンツビジネス」において，どの様な勝負を仕掛ける必要が出てくるだろうか。同様に「送り手」，「IPホルダー」の視点に戻って，「VTuber」を「IP」として捉えた時，その容姿や名前は誰のもので，演じる人物，いわゆる「中の人」は何の権利を有するのか。「中の人」からすれば，所属事務所と方針が合わず解雇となった場合，新しい容姿で「VTuber」活動を行った場合はどうな

るだろうか。ではそもそもその「ストリーマー」が行うビジネスは「配信」による収益が主軸なのだろうか。…という様に，たくさんの関心を持てば，さらに「コンテンツビジネス」の奥深さに触れることができるだろう。もしあなたが将来，「IP」を活用した「コンテンツビジネス」を行いたいと考えた時，ぜひ本章の内容を深めた上で取り組み，成功を掴んでほしい。

【注記】

1) 小学館「デジタル大辞林」goo 辞書「コンテンツ」
   (https://dictionary.goo.ne.jp/word/　2024年1月1日取得)。

2) 原作，主軸となるシリーズ，「ナンバリングタイトル」と言われたりもするが『ポケモン』ではナンバーがつくことが稀のため便宜的に「正史」と記述。

3) 同時上映の短編等を除く。

4) 元々は1998年の劇場アニメ公開に際して，全日本空輸（ANA）の旅客機にピカチュウやミュウなどの人気キャラが描かれたもの。現在では，新型コロナウィルスの影響を受けた，航空業界・観光業界の振興を目的として，「そらとぶピカチュウプロジェクト」という名称で，後述する「株式会社ポケモン」の社会貢献事業として複数の航空会社と提携し運航している。

5) 開発は「株式会社ゲームフリーク社」。

6) 官報決算データベース「株式会社ポケモンの情報」
   (https://catr.jp/companies/2e2a5/6134　2024年1月1日取得)。

7) 東洋経済オンライン「23年「映画興収TOP10」前年超え興収も喜べない訳」
   (https://toyokeizai.net/articles/-/721116　2024年1月1日取得)。

8) シネマトゥデイ「2023年興収1位は『THE FIRST SLAM DUNK』アニメ作品がトップ3を占める」
   (https://www.cinematoday.jp/news/N0140807　2024年1月1日取得)。

9) TOHO シネマズ「事業内容」
   (https://www.tohocinemas.co.jp/recruit/about/business.html　2024年1月1日取得)。

【主要参考文献・主要参考資料】

総務省（2023年度版）「令和5年版 情報通信白書 我が国のコンテンツ市場の規模」
   (https://www.soumu.go.jp/johotsusintokei/whitepaper/ja/r05/html/nd243210.html　2024年1月1日取得)。

執筆者紹介（執筆順）

杉浦 礼子（すぎうら れいこ）：第1章
  名古屋学院大学 経営学部　教授　博士（学術）

髙木 直人（たかぎ なおひと）：第2章
  名古屋学院大学 経営学部　教授　修士（経営学）

水野 清文（みずの きよふみ）：第3章
  名古屋学院大学 経営学部　教授　修士（経営学）

永田 守男（ながた もりお）：第4章
  名古屋学院大学 経営学部　教授　博士（商学）

岡本 純（おかもと じゅん）：第5章
  名古屋学院大学 経営学部　教授　MBA

小谷 光正（こたに みつまさ）：第6章
  名古屋学院大学 経営学部　教授　商学修士

松本 義宏（まつもと よしひろ）：第7章
  名古屋学院大学 経営学部　専任講師　修士（商学）

石原 俊之（いしはら としゆき）：第8章
  名古屋学院大学 経営学部　専任講師　修士（経済学）

宇野 民幸（うの たみゆき）：第9章
  名古屋学院大学 経営学部　教授　博士（理学）

齋藤 邦彦（さいとう くにひこ）：第10章
  名古屋学院大学 経営学部　教授　工学修士

程 鵬（てい ほう）：第11章
  名古屋学院大学 経営学部　教授　博士（工学）

三輪 冠奈（みわ かんな）：第12章
  名古屋学院大学 経営学部　教授　博士（経済学）

伊藤 昭浩（いとう あきひろ）：第13章
  名古屋学院大学 経営学部　教授　博士（経済学）

山口 翔（やまぐち しょう）：第14章
  名古屋学院大学 経営学部　准教授　博士（経済学）

マネジメント

── ビジネス価値創造 ──

2024年4月1日　第1刷発行

編　者：名古屋学院大学経営学部
発行者：長谷雅春
発行所：株式会社 五絃舎
　　　　〒173-0025　東京都板橋区熊野町46-7-402
　　　　Tel & Fax：03-3957-5587
　　　　e-mail：gogensya@db3.so-net.ne.jp
組　版：Office Five Strings
印　刷：モリモト印刷
ISBN978-4-86434-183-7
Printed in Japan　検印省略　ⓒ 2024